O NOVO **CARIOCA**

REVISÃO
Suzana Barbosa

FOTO (CAPA)
Ratão Diniz

Silva, Jailson de Souza e

O novo carioca / Jailson de Souza e Silva, Jorge Luiz Barbosa e Marcus Vinícius Faustini ; prefácio de Francisco Bosco. – Rio de Janeiro : Mórula Editorial, 2012.

220 p. : 21 cm

Inclui bibliografia.
ISBN: 978-85-65679-02-2

1. Favelas – Rio de Janeiro. 2. Habitação popular – Rio de Janeiro. 3. Desigualdade social. 4. Juventude. 5. Cultura. 6. Cidadania. I. Barbosa, Jorge Luiz. II. Faustini, Marcus Vinícius. III. Bosco, Francisco (prefaciador). IV. Título.

CDD: 307.3364098153

R. Teotônio Regadas 26, 904 – Lapa – Rio de Janeiro
www.morula.com.br | contato@morula.com.br

Jailson de Souza e Silva
Jorge Luiz Barbosa
Marcus Vinícius Faustini

O novo carioca

1ª reimpressão

mórula editorial

sumário

Prefácio

É provável que no futuro os historiadores olhem para este nosso presente da cidade do Rio de Janeiro e o vejam como um daqueles momentos – raros, em uma época que chegou a postular "o fim da história" – em que os dados se encontram no ar, girando, alguns instantes antes de tombarem decretando seus números finais. Que números serão esses ou, descodificando a metáfora, que cidade resultará desse momento de aparente abertura? Isso ainda não podemos dizer.

Mas algumas coisas já podem ser ditas. Dentre elas: a consolidação da economia brasileira seguida de um governo de orientação de esquerda, que distribuiu melhor a renda e impulsionou o crescimento por meio da criação de um novo mercado interno, resultante do aumento do poder aquisitivo da população de baixa renda. Isso, por si só, não é pouca coisa – e desmente as tentativas de abolir as diferenças entre direita e esquerda a partir de uma perspectiva estrita e redutoramente econômica, como se o fim do projeto socialista de tomada dos meios de produção pelo Estado significasse uma indistinção ideológica.

No Rio de Janeiro, somam-se a essas características um fluxo de investimento financeiro enorme, devido à proximidade de megaeventos esportivos internacionais, e um acontecimento social de profundo impacto, que foi a instalação das Unidades de Polícia Pacificadora (UPPs) em mais de duas dezenas de territórios antes controlados pelo tráfico de drogas. São esses alguns dos motivos mais importantes que nos levam a crer que existam dados girando no ar. Mas há outros, que induzem a pensar que os dados, ao final de algumas piruetas esperançosas, cairão exatamente com os mesmos números voltados para cima. Afinal, o Rio de Janeiro (o Brasil como um todo) tem um senso republicano ainda precário, que se manifesta tanto nas condutas do Estado como nas de sua população: o espaço público é cotidianamente desrespeitado em suas regras e os governantes continuam governando muito mais em nome de interesses particulares de pequenos grupos do que do interesse geral da população[1]. Mesmo o acontecimento altamente benéfico das UPPs corre o risco de aprofundar a desigualdade na cidade por meio do processo que vem sendo chamado de **gentrificação** e cuja consequência é a expulsão dos moradores das comunidades, incapazes de arcar com a súbita valorização de seus imóveis e do custo que acarretam.

Pois bem, o livro que o leitor irá adentrar foi pensado precisamente nesse instante de dados no ar – não apenas como um 'retrato-em-movimento' de câmera sutil, capaz de perceber os sentidos de um contemporâneo mutante em tempo real, mas também como uma tentativa de mudar a direção dos dados em favor de suas propostas. "O novo carioca", aqui apresentado, é assim, em parte uma constatação, em parte um desejo. E um desejo político, para os autores deste livro, não se separa de um ato político, isto é, do engajamento na tentativa de tornar a realidade mais parecida com esse desejo.

---

1 É claro que na maior parte dos casos não há, a rigor, um interesse comum da população, mas sim interesses diversos, de grupos diversos. Que interesse será privilegiado pelos governantes define a sua posição ideológica.

Se o novo carioca se define sobretudo por sua mobilidade física e simbólica, por sua capacidade de circular entre diversos territórios da cidade em condições de igualdade, a maior prova de que ele se refere, ao menos em parte, a algo já existente são os próprios autores. Egressos "dos grupos sociais populares, das periferias", Jailson de Souza e Silva, Jorge Luiz Barbosa e Marcus Vinícius Faustini intervêm na "peleja da invenção do imaginário", na disputa pelas representações da cidade, com um gesto de força inequívoca: eles não apenas desconstroem as representações tradicionais das favelas (chegando mesmo a historiá-las e situá-las no foco mais amplo da representação comum a diversas cidades do Ocidente contemporâneo) e propõem outras maneiras de vê-las, mas interpretam, eles mesmos, os representantes tradicionais dessa representação, deixando nu o seu lugar discursivo.

É isso o que faz a simples e magistral carta aberta a Zuenir Ventura, contestando, ou ao menos relativizando, a noção de "cidade partida". O autor do texto lembra que a cidade só é partida da perspectiva das classes média e alta, pois os moradores das periferias "sempre tiveram que circular na cidade em busca de trabalho, de lazer, de atividades culturais. (...) a cidade é atravessada por um conjunto de práticas de circulação que faz com que ela não seja 'partida' para os pobres, pelo menos não na dimensão da inserção no território". Parte da força dessa visão vem do fato de que ela revela a naturalização da representação dominante, que nem é capaz de se perceber como relativa. E tudo isso é escrito num tom professoral, no melhor sentido da palavra, reconhecendo no interlocutor não um adversário, mas um parceiro na luta pelo esvaziamento das fronteiras físicas e simbólicas. Prova irrefutável da existência de novos cariocas, egressos da periferia, que ocupam o lugar de mestres, não de "alunos e aprendizes", como insiste outro texto deste livro.

Não quero tirar o prazer do leitor de descobrir por si mesmo, e nas formulações mais precisas de seus autores, as ideias aqui contidas. Quero apenas destacar, como manifestação de gratidão pelo aprendizado que elas me trouxeram, as noções decisivas de "discurso da ausência", "morada" e "caos como *imago urbis*". Na minha leitura, essas noções formam uma espécie de espinha dorsal do pensamento deste livro.

Sempre me indignei com o fato de que enquanto há, nos "países ricos" (a essa altura a expressão já soa estranha), "brasilianistas", "africanistas" etc., os "países pobres" (idem) não produzem "americanistas", "europeístas" e por aí vai. Essa é uma das manifestações da centralidade geopolítica. Centro é antes de tudo aquele que representa o outro. Aquele que julga deter o poder – senão a exclusividade – de representar o outro (a própria palavra "outro" possui um resíduo etnocêntrico ou sociocêntrico). Assim como é raro que pensadores das periferias do mundo tenham a ousadia de pensar o centro do mundo, é raro – ou era – que pensadores das periferias da cidade tenham a ousadia de pensar o centro da cidade. Mas esses aqui têm. E esse pensamento tem como objetivo "descentralizar o centro", multiplicar as perspectivas, abrir os caminhos. O presente livro é um sopro na inteligência do leitor – e nos dados que giram no ar.

Francisco Bosco

Apresentação

O livro que você tem em mãos, caro leitor, é uma coletânea de artigos e textos avulsos que produzimos nos últimos dez anos a respeito de variadas questões urbanas. Os estilos são diversos por várias razões: dentre elas, as características específicas dos seus espaços originais de exposição, as peculiaridades de nossas escritas e dos interlocutores que buscávamos. Acima dessas diferenças, todavia, prevalece uma compreensão comum sobre as características que constituem a cidade e as práticas de seus moradores.

A identidade, nesse caso, não é fruto de uma coincidência: somos intelectuais nascidos e crescidos na periferia do Rio de Janeiro, com uma longa história de inserção em movimentos sociais e culturais da cidade. Assim, temos buscado construir uma compreensão dos territórios urbanos a partir de nossos lugares de origem, sem reduzirmo-nos a ele. Propomos, então, a afirmação de um projeto de cidade centrado na ruptura com as formas tradicionais, fragmentárias e parciais, que norteiam as representações sobre o urbano, e as suas consequentes práticas sociais.

Ocupa um espaço central nessa obra o fenômeno da favelização e a questão da inserção plena de seus moradores no conjunto da cidade. De fato, os juízos tradicionais sobre as favelas têm como pressuposto o que chamamos de "paradigma da ausência". Nessa forma de se interpretar esse espaço urbano específico, torna-se comum defini-lo como "aglomerado subnormal" – segundo o Instituto Brasileiro de Geografia e Estatística (IBGE) –, "assentamento precário" – segundo o Ministério das Cidades –, ou "comunidade carente", como é usualmente tratado na mídia.

Na contramão dessa concepção, partimos da premissa de que **a favela é cidade**, um território central na sua constituição, em especial no caso do Rio de Janeiro. Logo, ao invés de vê-la como um 'problema', cabe reconhecer suas potencialidades, apreender de forma densa a complexa dinâmica de vida dos seus moradores e as formas como eles exercitam sua cidadania.

Um novo pensar sobre as favelas exige uma nova forma de apreender as práticas humanas que vão se constituindo na cidade. Nesse processo é que reconhecemos, no contemporâneo, a construção progressiva de um "novo carioca", um sujeito com mobilidade para circular nos diversos territórios urbanos, produzir experiências que envolvam atores de diversos lugares, valorizar e legitimar as diferenças, o direito à autenticidade e a importância de defender a igualdade da dignidade humana.

Logo, construir novas formas de pensar as relações sociais, econômicas, culturais e ambientais cariocas é um caminho necessário para a igualdade da dignidade humana de todos os seus moradores. Este livro é uma contribuição a mais nesse movimento.

Jailson de Souza e Silva
Jorge Luiz Barbosa
Marcus Vinícius Faustini

Jailson de Souza e Silva
Jorge Luiz Barbosa
Marcus Vinícius Faustini

O novo carioca

João tem 22 anos, nasceu na favela da Maré, mora no Flamengo e estuda na Universidade Federal do Recôncavo Baiano. Sua grande característica, como morador da cidade, é a mobilidade: a capacidade de percorrer tanto física quanto simbolicamente diferentes lugares da cidade. Para ele, a cidade não é segregada, não é fragmentada, não é cercada por muros visíveis e invisíveis: é uma cidade de encontros, de vivências múltiplas nos seus territórios plurais. Assim, ele pode fazer percursos inéditos, e os faz, nos ricos bairros da Zona Sul e nas favelas, na Barra e nas cidades da Baixada. Não há interdito territorial para esse "novo carioca".

João, como os autores deste livro, é um ser livre para viver a cidade intensamente. Oriundo dos grupos sociais populares, das periferias, ele ampliou suas possibilidades sociais, econômicas e culturais sem perder a ligação com suas origens. Construiu, assim, a capacidade de viver em diferentes lugares da cidade – anteriormente interditados (material e simbolicamente) aos seus ancestrais – sem perder o sentido de pertencimento aos seus territórios de origem. Assim como Adriano, Edson,

Eduardo, Fabiana, Fábio, Fernanda, Jaqueline, Mário Sérgio, Monique, Tereza, Ary, Suelen, Shirley, Bárbara, Carla, Itamar, Juan, Marcos, Celso, Júnior, Sinésio, Átila, Francisco, Marco, André, Felipe, Mariana, Isabela, Elza, Nalva, Priscilla, Mário, Amauri, Léo e tantos próximos. São eles a expressão mais plena de uma cidade una e plural.

Mas não apenas eles: Tatiana é fotógrafa, nascida e criada em bairro de classe média da Zona Sul, mas escolheu realizar sua arte em diversos territórios da cidade. E assim chegou, há muitos anos, à Maré. Ali, desenvolveu novas experiências e grupos na fotografia, desenvolveu inúmeros trabalhos e afirmou seu lugar na cidade, construindo pontes cada vez mais expressivas entre pessoas, expressões estéticas e espaços. Assim como Ripper, Dante, Marianna, Paixão, Vitor, Eblin, Francine, Júlia, Luiz Eduardo, Julita, Camila, Luiz, Caio, Dalcio, Raquel, Erasmo, Sílvia, Lia, Patrícia, Andreia e muito mais companheiros de novos traçados da cidade.

Os "novos cariocas" sinalizam uma cidade mobilizada por duas dimensões fundamentais: a estética, como consciência sensível das diferenças humanas, com o devido reconhecimento e legitimação do direito à autenticidade; e a ética, que exige a determinação cotidiana para resistir a que qualquer diferença seja transformada em desigualdade – por razões de gênero, étnicas, etárias, religiosas, de orientação sexual, de condição física e psicológica, social, territorial.

O novo carioca assume o compromisso de construir no presente real e cotidiano a igualdade da dignidade humana, sabendo que essa condição de dignidade é histórica e suas demandas mudam com o movimento do mundo. Assim, o acesso a equipamentos e serviços culturais, em todos os níveis de uso, incluindo as redes comunicacionais virtuais, é um elemento fundamental de afirmação da dignidade no contemporâneo.

O "novo carioca", então, é um ser utópico/concreto que reconhece a importância do outro na constituição de sua autonomia e sua individuação na cidade. Nele, ao contrário do ser individualista e egoísta – em que o sujeito **em si mesmo** é o ponto de partida e de chegada na relação com o mundo –, há uma mediação sensível e prática com o outro, com o mundo, com o planeta. Logo, esse novo ser, carioca, se afirma nas quatro dimensões: a condição subjetiva, autêntica, singular; o pertencimento social, em suas inserções e vínculos com os **próximos**; a condição humano-genérica, em que o mesmo se torna a humanidade e dela se sente pertencente, transformando o **outro** em companheiro de caminhada no processo de significação e comunhão na vida; e, por fim, a condição universal-ecológica, em que a relação com o planeta, com a mãe-terra, se dá a partir do seu reconhecimento como fonte de vida e que não se reduz a mera plataforma de recursos. Assim, cabe-nos dela cuidar, proteger e saborear.

O "novo carioca" vive numa cidade em construção de significados generosos, em processo de eliminação das fronteiras territoriais e simbólicas construídas pelas gerações passadas e que tantas dores e sofrimentos ainda provocam. Ele é um ser sem teleologia, que não projeta em um futuro indeterminado sua esperança de ser pleno, mas busca viver no cotidiano, a cada dia, a possibilidade da realização de sua humanidade e de sua existência.

Esse novo ser é você, sou eu, somos nós, os próximos, os distantes, todos os que já aprenderam a ter mobilidade na cidade, a chamar todo o Rio de Janeiro de seu, e sentir-se, então, constituinte de novos atos e percursos de sua condição de cidadão pleno.

Jailson de Souza e Silva

Carta para Zuenir Ventura

Caro Zuenir,

Inicialmente lhe agradeço a oportunidade de esclarecer minha posição sobre a noção de "cidade partida" e por que a defino como "mito", de forma mais pessoal. Devo dizer que fiquei muito surpreendido com sua percepção de minha fala, histórica, de que a unicidade de uma cidade plural seria uma posição crítica à sua percepção sobre o Rio de Janeiro. Entendo seu sentimento e o considero, acima de tudo, um mal entendido.

Talvez você não saiba, mas seu livro "Cidade partida" foi muito importante em minha caminhada social e acadêmica: foi ele que me inspirou a construir minha tese de doutorado chamada "'Por que uns e não outros?': caminhada de jovens da Maré para a universidade". O tema surgiu de seu questionamento às trajetórias distintas de Flávio Negão e de seu irmão – um, chefe do tráfico e outro, 'otário', trabalhador. Nele, você falava como seria necessário um leque de saberes acadêmicos abrangentes para tentar explicar aquelas caminhadas.

Quando comecei a me colocar diante do tema da cidade, ainda na década de 1980 (sou geógrafo de formação), sempre me incomodou a visão estruturalista de um Brasil partido – os "Dois Brasis" (tese famosa de Pierre Lambert) – e também da divisão estrutural das classes de forma apriorística (que permitia, em sua lógica dicotomizada, que a cultura popular fosse vista, por exemplo, como expressão degradada da cultura das elites, o "difusionismo"). Preferia muito mais a visão de circularidade das relações sociais afirmada por Mikhail Bakhtin. Do mesmo modo, sempre discordei da expressão "subcidadanização", usada, dentre outros, por um amigo sociólogo a quem muito admiro, Jessé Souza. Isso porque a cidadania não é um ponto de chegada simplesmente, mas um ponto de partida e uma construção permanente: nascemos cidadãos e em função disso somos sujeitos de direitos, individuais e coletivos.

Nesse sentido, entendi a expressão "cidade partida" como a visão de um profissional consciente e de um cidadão engajado na luta pelo exercício de uma cidadania plena para todos os moradores. Cidadão que, falando de um lugar determinado, denunciava o que seria a distância provocada pelas estruturas de poder, em todos os níveis, na relação entre os sujeitos e territórios do Rio de Janeiro.

Minha divergência, Zuenir, nunca foi com sua percepção ou seu reconhecimento dessas relações dissonantes e o exercício dos poderes, especialmente os públicos. Meu olhar era outro, que vem dos territórios dos moradores das favelas e das periferias – ou de outras centralidades, podemos considerar. Esses moradores, entre os quais sempre me incluí por origem e práticas sociais, sempre tiveram que circular na cidade em busca de trabalho, de lazer, de atividades culturais. Esses moradores sempre tiveram que pressionar o poder público para que cumprisse sua obrigação, sempre se afirmaram como cariocas e participaram dos processos eleitorais da cidade, além de se irmanarem na torcida comum por seus times e escolas de samba. Nesse caso, a cidade é atravessada por um conjunto de práticas de circulação que faz com que ela não seja "partida" para os pobres, pelo menos não na dimensão da inserção no território, de forma global. Eles buscam viver na cidade de forma plena.

Acho que talvez fosse mais adequado falar que o "Estado é partido", pois ele, dominado pelo interesse em servir apenas a grupos sociais específicos, não cumpre o seu pretenso 'papel universal'. Da mesma forma, temos um "Mercado partido", pois, dominado por preconceitos e visões restritas das relações de custo x benefício, nunca reconheceu o conjunto de moradores da cidade como cidadãos plenos de direitos.

A cidade, Zuenir, somos todos nós, nas nossas práticas e visões. Ela pode ser partida para alguns, talvez para muitos, mas não para todos. Não percebia meu olhar como distinto do seu, mas talvez como falas indignadas de espaços sociais distintos.

O que temos hoje é o processo de reconhecimento pelo governo, por forças do mercado e por grupos sociais mais ricos de que os mais pobres também têm direito à segurança pública e devem ter acesso a outros direitos fundamentais. Mas os pobres sempre tiveram consciência disso e buscaram, de formas legítimas ou não, garantir esses direitos.

Termino, meu caro, tornando a enfatizar minha admiração por você e torcendo para que minha fala tenha esclarecido minha posição. E certo de que podemos ter, sem problema algum, visões divergentes sobre o tema. Espero apenas que isso não assuma uma forma de desqualificação da posição do outro. Estou, nesse sentido, chateado por ter provocado esse sentimento e lhe afirmo, acima de tudo, que nos vejo na mesma busca comum de lutar por uma cidade plena de fato para todos os seus moradores. E que assim possamos caminhar na vida.

Jorge Luiz Barbosa

Paisagens da natureza, lugares da sociedade

A construção imaginária do Rio de Janeiro como *cidade maravilhosa*

Você sabe melhor do que ninguém, sábio Kublai, que jamais se deve confundir uma cidade com o discurso que a descreve. Contudo, existe uma relação entre eles.

Ítalo Calvino, "As cidades invisíveis"

A paisagem da *cidade maravilhosa*

Entre o mar e a montanha emerge uma cidade que se agiganta na direção do céu. Rio de Janeiro, cidade de São Sebastião. Abençoado pelo Cristo Redentor, do alto do Corcovado, o Rio é uma cidade de todos os santos e todos os deuses. Os deuses romano-católicos e africanos. Os deuses da folia e do futebol. Os deuses do samba, da festa e da alegria. Todos eles não pouparam os seus esforços na construção de uma cidade mágica e encantadora que nos convida permanentemente a contemplar sua beleza.

Publicado originalmente em Biblio 3W. Revista Bibliográfica de Geografía y Ciencias Sociales, Universidad de Barcelona, Vol. XV, nº 865, 25 de marzo de 2010. <http://www.ub.es/geocrit/b3w-865.htm>.

"Cidade maravilhosa / cheia de encantos mil / Cidade maravilhosa / coração do meu Brasil". Refrão de uma das famosas marchinhas de carnaval que, ao exaltar a 'cidade bonita por natureza', criou uma 'imagem-força' presente nas suas representações. Poetas, compositores, pintores, romancistas, cineastas e fotógrafos encontraram na paisagem natural a inspiração ímpar para suas obras estéticas. Moradores e visitantes, brasileiros ou estrangeiros estão sempre a admirar a beleza das montanhas que se erguem para o céu azul, sob o qual a cidade amanhece brilhando ao sol e anoitece nas luzes cintilantes das ruas e dos edifícios. Admiram igualmente as línguas brancas das praias que saboreiam o mar e as calçadas, fazendo dos sábados e domingos o colorido dos dias desbotados pelo trabalho, pela pressa e pelo trânsito congestionado.

Para encontrar a cidade do Rio de Janeiro é preciso atravessar esse portal: 'a paisagem da natureza'. Seus encantos, sua magia e sua exuberância fizeram da cidade uma das mais representadas do mundo. Postais, fotografias, pinturas, gravuras, filmes de ficção ou documentários, entre outras formas pictóricas, capturaram a cidade emoldurada pela Baía de Guanabara. Auroras e crepúsculos em suas múltiplas cores consagraram (e ainda consagram!) a beleza da natureza, que já não é mais natureza, mas sim um ícone. Montanhas, praias, lagoas, céu e mar são símbolos. Eles não falam de si. A montanha, o mar, as praias e o céu nos falam da cidade do Rio de Janeiro. Ouvimos suas vozes. Elas dizem aos nossos olhos, pelas obras dos estetas, que o Rio de Janeiro é bonito por natureza.

Estamos diante da 'imagem-força' da cidade do Rio Janeiro: a beleza da 'paisagem natural'. Todavia, como nos alerta Horacio Capel (1973), a paisagem se origina de uma "mirada consciente e intencional", ato humano que configura significados socioculturais à natureza. Essa linha de entendimento é retomada por Maurice Ronai (1976) ao afirmar que o olhar não é somente o exercício de um sentido (visão), mas também uma produção de sentido (significação). A paisagem é, portanto, uma marca que exprime um significante (simbólico) e, ao mesmo tempo, é também uma matriz de significados (experiências de tempo e espaço), porque representa a expressão de uma 'razão de existir' da sociedade. Nesse sentido, a paisagem pode ser definida como um campo de visibilidade, uma "mediação entre o mundo das coisas e aquele da subjetividade humana" (BERQUE, 1995). Ou seja, um 'artefato' estético e sociocultural.

A paisagem assume o significado da relação das condições da história natural da natureza com a história construída pela ação humana, porém percebida segundo as necessidades e possibilidades históricas de uma dada sociedade. Podemos falar, então, de uma percepção da natureza construída como experiência sensível, segundo o modo cultural instituído socialmente. E, conforme assinala Raymond Ledrut (1973), a percepção das paisagens implica uma valorização simbólica e, com ela, uma valorização social do seu significado. Como transfiguração do físico no simbólico, a 'paisagem natural' é portadora de representações explícitas e/ou implícitas de um modo de ser e estar no mundo.

A 'paisagem natural' seria a primeira imagem da cidade do Rio de Janeiro? Certamente! Apesar do arrasamento de morros e colinas, do aterro de lagoas e praias, da canalização de rios e regatos. Ao longo dos quase cinco séculos contados de existência da cidade do Rio de Janeiro, a natureza ainda aparece como matriz de seus símbolos e da respectiva valorização sociocultural de seus lugares de acontecimento. A primeira imagem vem do olhar que, debruçado sobre as formas e cores da natureza, traçam o sentido da existência de homens e mulheres na cidade. Qual seria esse sentido? Alegria, festa, beleza, amor, paz e tudo que pode significar a expressão *cidade maravilhosa*.

Esse destino, oferecido pela generosidade da natureza, significa o próprio devir sonhado da humanidade. Assim, falamos de uma situação de 'paraíso terrestre', ou melhor, de uma 'utopia romântica' de cidade que sinaliza os desejos humanos de viver a condição do maravilhoso. A paisagem é esse campo de relações; ela atua, portanto, como um discurso que descreve e afirma significados da cidade do Rio de Janeiro. Marco Polo, personagem do livro "As cidades invisíveis" de Ítalo Calvino, advertia o Imperador Kublai: "uma cidade só começa a existir a partir dos seus símbolos" (1993, p. 61).

Origens e difusão cultural da imagem da *cidade maravilhosa*

A construção da imagem de *cidade maravilhosa* resulta de um complexo processo histórico e cultural. Seu marco inaugural pode ser localizado nas intervenções urbanas do início do século XX, que buscaram erradicar a cidade colonial e insalubre para dar lugar a valores cosmopolitas e a modos urbanos civilizados. Em outra oportunidade[1], buscamos desvelar as legendas simbólicas constitutivas de imaginários da modernidade nos trópicos, sobretudo a partir das reformas urbanas iniciadas com a paradigmática Reforma Passos. Tratava-se não exclusivamente de dotar o Rio de Janeiro, capital da República à época, de uma funcionalidade urbana adequada aos padrões de produção e circulação do capital industrial e bancário, mas também de uma imagem que representasse a importância do Brasil no 'concerto das nações modernas'.

A demolição do casario colonial transformado em habitações insalubres, a abertura de avenidas largas e bordadas por edifícios monumentais e a remodelação do porto destacaram-se como as principais ações que definiram a reforma urbana da cidade do Rio de Janeiro do início do século XX. Todavia, a criação da capital cosmopolita e civilizada era incapaz de solucionar, ou mesmo atenuar, um de seus mais graves problemas: as demandas de moradia popular.

Apesar das ações discricionárias contra as casas de cômodos e cortiços, essas formas de habitação popular ganharam uma sobrevida[2], já que faziam parte das reduzidas possibilidades de abrigo de homens e mulheres pobres, assim como se tornou mais visível a presença de favelas nos morros da cidade (ABREU, 1994). Lima Barreto, um dos mais importantes romancistas e cronistas do Rio de Janeiro, chamava atenção dos seus leitores, em "Clara dos

---

1 BARBOSA, Jorge Luiz. *Modernização urbana e movimento operário*. 1990. Dissertação (Mestrado em Geografia) – Programa de Pós-Graduação em Geografia, UFRJ, Rio de Janeiro.

2 Os cortiços e as casas de cômodo continuaram a ser, pelo menos até as primeiras décadas do século XX, as principais possibilidades de moradia da população mais pobre nas áreas centrais da cidade. Vf. BARBOSA, Jorge Luiz. Olhos de ver, ouvidos de ouvir: os ambientes malsãos da capital da República. In: ABREU, Mauricio. *Natureza e sociedade no Rio de Janeiro*. Rio de Janeiro: Prefeitura da Cidade do Rio de Janeiro, Secretaria Municipal de Cultura, Turismo e Esportes, 1992.

Anjos", para as novas marcas na paisagem carioca: "Há casas, casinhas, casebres, barracões, choças, por toda parte onde se possa fincar quatro estacas de pau e reuni-las por paredes duvidosas (...). Há verdadeiros aldeamentos dessas barracas nos morros da cidade" (BARRETO, 1997, p. 49).

"O Rio desconhecido", artigo publicado na Revista Careta em 4 de dezembro de 1909, inaugurava uma das primeiras e mais severas campanhas contra 'os estranhos bairros' no coração da cidade:

> As suas casinholas bizarramente construídas de taboas, de pedaços de caixão, de latas e folhas de zinco dominam um soberbo panorama em meio do qual maravilhosamente avultam o viaduto da Central, a parte da cidade ornada pelas obras do porto e correspondentes avenidas, o Canal Mangue com suas palmeiras reais e as praças e as ruas circunvizinhas.

O artigo em destaque recomendava em sua conclusão que, apesar de "possuir elementos honestos, a Favela é um antro de facínoras e deve ser arrasada para decência e higiene da capital federal". Emergia um contraponto radical à paisagem moderna e cosmopolita reclamada pelos grupos sociais hegemônicos.

Reportagens e crônicas publicadas em jornais e revistas, assim como diversos relatórios de autoridades públicas e sanitárias, assumiam uma leitura extremamente negativa das favelas e exigiam sua erradicação. A imprensa fazia das favelas "um espelho invertido da civilização" (ZALUAR, 1998) ao endossar e legitimar o projeto de cidade civilizada, ordenada e disciplinada.

Em meados da década de 1920, mais de cem mil pessoas já habitavam os 'bairros estranhos' do Rio de Janeiro. A expressão 'favela' generalizava-se, passando a designar todas as habitações pobres e precárias que surgiam, geralmente nos morros circunvizinhos às áreas centrais da cidade.

É desse novo cenário social da paisagem que Mattos Pimenta elabora um dos primeiros documentários fílmicos sobre as favelas cariocas ("Como vivem os habitantes da favela", 1927). De acordo com os comentários publicados na revista A Semana em 27 de fevereiro de 1927, o documentário apresentava, em suas contundentes imagens, a corrosão da 'linda capital pelas favelas':

> A exibição do filme deixou bem patente uma das grandes chagas que corroem a nossa linda capital, localizada em múltiplos e inacreditáveis locais, que transformam em verdadeiras células da miséria e do crime [...]. O filme põe à mostra a miséria desses focos de imundície, de promiscuidade e horror, que se multiplicam assustadoramente, ameaçando o sossego da população e a estética da capital.

A 'cidade linda', ameaçada pela presença das favelas, se tornava uma das imagens mais significativas do devir do Rio de Janeiro. Sua notória força discricionária alimentou posições e ideologias conservadoras que atravessaram décadas e, infelizmente, ainda se fazem presentes no senso comum reproduzido sem cessar entre muitos dos moradores da cidade.

Na década de 1930, uma nova e singela imagem passaria a designar o Rio de Janeiro: a da *cidade maravilhosa*. Atribuída ao romancista, deputado e professor Coelho Neto, a expressão se tornaria uma imagem enaltecedora das belezas naturais e de um forte apelo romântico do significado da cidade.

Nesse momento, em particular, se fazia presente no Brasil o período que ficou conhecido como 'Era Vargas', de intenso processo de modernização urbano-industrial. A cidade do Rio de Janeiro, na condição de capital federal, tornava-se o centro político de um projeto nacional de transformação econômica, institucional e social.

À diferença da 'cidade cosmopolita e civilizada das elites', o Rio de Janeiro deveria encarnar uma imagem popular e suficientemente consensual para representar o ideário de uma nação moderna e integrada nas suas diferenças. É importante salientar a importância do advento do rádio como poderoso meio de comunicação e difusão cultural largamente utilizado pelo Estado para consolidar a hegemonia política e conferir ao governo Vargas a sua legitimidade popular.

É justamente em um programa radiofônico que a imagem *cidade maravilhosa* ganhou sua ampla difusão cultural. Criada em 1927, a Rádio Mayrink Veiga levava ao ar, para seus milhares de ouvintes, o "Crônicas da cidade maravilhosa", programa apresentado e dirigido pelo locutor César Ladeira. Redigido pelo jornalista e teatrólogo Genolino Amado, o "Crônicas" abordava o cotidiano dos cariocas e era lido com a voz solene de Ladeira.

Todavia, a maior difusão popular da imagem *cidade maravilhosa* viria de uma marcha de carnaval composta por André Filho em 1937 e gravada pela primeira vez pela cantora Aurora Miranda (irmã da então já famosa Carmem Miranda). O sucesso espetacular da marcha de carnaval a transformou em um hino da cidade e, mais do que isso, uma 'alma encantada' do ser carioca. Nos seus versos finais, "Cidade maravilhosa" proclama a utopia romântica do devir do Rio de Janeiro: "Terra que a todos seduz / Que Deus te cubra de felicidade / Ninho de sonho e de luz".

A ingenuidade docemente presente na composição inspirava consensos em termos de atributos particulares da cidade, dentre eles as belezas naturais abençoadas por Deus. A beleza 'incomparável das paisagens naturais' da cidade servia como moldura para o sentido pleno do maravilhoso e como prova incontestável da beleza 'n'a alma da gente' carioca. Todavia, é importante registrar o papel do cinema na difusão da *cidade maravilhosa*, principalmente no plano internacional.

É na década de 1940 que estúdios cinematográficos de *Hollywood* passaram a investir nas belezas das paisagens cariocas como cenários para suas películas comerciais. Tratava-se, sobretudo, dos filmes protagonizados por Carmem Miranda, que alcançaram imenso sucesso nos Estados Unidos e no Brasil. O Rio de Janeiro do Corcovado e do Pão de Açúcar tornava-se um cenário exótico para a produção cinematográfica norte-americana, na qual o samba e o carnaval criavam uma cidade alegre e sedutora (AMANCIO, 2000). O cinema assumia um papel extraordinário na consolidação 'das paisagens naturais' como síntese do sentido do Rio de Janeiro e sua difusão nas mais diversas latitudes. A legenda atravessava as fronteiras de continentes e de oceanos e, através das telas do cinema, se tornava um produto estético conquistador de imaginários.

Podemos afirmar que os meios de comunicação, como jornais e revistas, contribuíram efetivamente na celebração do imaginário da *cidade maravilhosa*. Deve-se, entretanto, também destacar o papel do rádio, da música popular e do cinema no processo de afirmação da hegemonia cultural de legendas da paisagem do Rio de Janeiro.

Entre nós, os cariocas, a força imagética da *cidade maravilhosa* se impôs como abrigo de um senso comum do significado do Rio de Janeiro e, ao mesmo tempo, um recurso instrumental mobilizado diante de suas contradições socioespaciais. Tal legenda simbólica é permanentemente atualizada no imaginário da cidade como componente indissociável de sua história pregressa e futura, ou melhor, como parte inerente de sua própria natureza. Mas qual natureza?

Paisagem da natureza bela e generosa

A natureza 'bela e generosa' que emoldura o Rio de Janeiro é, na verdade, uma promessa civilizatória. Estamos diante de uma matriz simbólica que exprime um estatuto de civilização que afirma um modo de vida desejado. Observa-se, portanto, uma 'estetização' da natureza, cujos ícones principais alcançaram – como o Pão de Açúcar e o Corcovado ou mesmo a 'rainha' e a 'princesinha' do mar (Copacabana e Ipanema) – o significado do maravilhoso na representação do Rio de Janeiro. Vivemos curiosamente (para não dizer dramaticamente) essa contradição da produção do espaço urbano carioca: negar e afirmar permanentemente a presença da natureza como expressão de uma civilização. Não devemos esquecer que determinadas formas naturais foram preservadas em função do seu apelo simbólico, enquanto outras foram destruídas para deixar passar o progresso sob a forma de edifícios, fábricas, *shopping centers*, túneis, avenidas e viadutos. O Rio de Janeiro se fez metrópole admirando e devorando a própria natureza.

A cidade 'bonita por natureza' apresenta, como tantas outras cidades, graves problemas socioambientais em função do modelo de urbanização que fez da natureza um obstáculo a ser vencido. Contudo, é interessante notar que os ícones da cidade do Rio de Janeiro são obras da natureza. Por outro lado, é igualmente relevante apontar que esses ícones se localizam, em sua imensa maioria, na Zona Sul da cidade. Define-se, então, uma geografia das paisagens naturais, que recorta a cidade e atribui valores simbólicos aos lugares.

A geografia caprichosa da natureza possui uma parceria mais ou menos oculta com o significado do modo de vida considerado civilizado, digno, respeitável e desejável. Uma geografia do belo, como imagem do civilizado, desponta na cultura hegemônica e estabelece clivagens demarcadoras de modos de vida, como a indicada em um dos trechos da letra de uma famosa música popular, "O X do Problema", de Noel Rosa: "Você pode ver que palmeira do mangue não nasce na areia de Copacabana".

As 'paisagens da natureza' possuem suas diferenças servindo como recortes de valores socioculturais hegemônicos e não hegemônicos. Há os que são diretamente beneficiados, pois moram em lugares onde a natureza se torna pródiga em suas simbologias atribuídas. A Zona Sul, por exemplo, aparece como o grande ícone do Rio de Janeiro, por vezes até se tornando a imagem da própria cidade.

Uma parte da cidade se torna representativa do todo, fazendo emergir a 'paisagem carioca' que domina o imaginário cultural urbano. Compreende-se o papel preponderante de determinadas paisagens como representativas da cidade do Rio de Janeiro, pois essa preponderância muitas vezes tende a se confundir com a hegemonia cultural das representações de mundo de determinadas classes sociais. A 'paisagem natural' traduz, sob a clivagem de valorizações simbólicas, uma geografia particular dos lugares da cidade.

Nos subúrbios e periferias, não há 'paisagens da natureza' para reafirmar o significado de grandeza, beleza e sucesso para seus moradores. Em outros lugares da cidade do Rio de Janeiro, as paisagens não falam de maravilhas, mas sim da pobreza material vivida por imensas parcelas de homens e mulheres que a habitam. São antissímbolos?

Os morros, planícies, manguezais e margens de rios e lagoas, habitados pelas comunidades populares, ganharam historicamente significados muito distintos dos atribuídos à *cidade maravilhosa*. Eles representam uma paisagem a ser negada, algo que macula o culto ao maravilhoso da paisagem carioca. Os signos da natureza estilizada e os lugares da sociedade desigual se encontram e se afrontam: são símbolos e antissímbolos em duelo na paisagem urbana, revelando distinções de ordem sociocultural e econômica.

Podemos afirmar que a força da imagem atribuída à cidade do Rio de Janeiro vem da apropriação e do uso da natureza como paisagem, ou seja, de uma representação estética do espaço socialmente construído. A partir de suas formas, volumes e cores, foram criados significados de um modo de ser e viver do carioca, ou melhor, do 'dever-ser' da cidade. Essa imagem urbana muita vezes serviu de aparato ideológico para processos brutais de deslocamento e destruição de formas e modos de vida não condizentes com os valores e tradições espelhados na 'paisagem natural' do maravilhoso. A tessitura da beleza da natureza e o sentido sociocultural da cidade nos conduzem, contraditoriamente, a aceitar a utopia compulsória do maravilhoso como nosso devir e, ao mesmo tempo, negar tudo e todos que fogem ao padrão estético do que se considera como civilizado. A paisagem nos revela e nos denuncia naquilo que escondemos?

Essa imagem instituída pela estetização da paisagem carioca é, no fundo, abstrata, pois oculta desigualdades socioespaciais sensíveis. Desigualdades que observamos diariamente na distribuição quantitativa e qualitativa de bens, de equipamentos e de serviços públicos entre os bairros que compõem o espaço urbano carioca. Desigualdades que se reproduzem com a violência da discriminação cultural e das condições socioeconômicas de parcelas significativas dos habitantes da cidade. Porém, a força icônica das paisagens da natureza exprime um imaginário cultural que nos domina e nos excita. Afinal, quem não se encantou com as belezas do Rio de Janeiro? O mar, o céu, as montanhas nos prometem maravilhas. São formas, volumes e cores que anunciam causas primordiais de uma cidade. Qual cidade?

Paisagens dos lugares desiguais

A paisagem é a epiderme da cidade. Percebemos a vida urbana através do seu manto. Mesmo que suas perspectivas sejam enganosas e que todas as suas faces visíveis escondam outras faces indesejáveis. A paisagem é a 'pele' da cidade e traduz o chão das vidas do nosso cotidiano. Nela, são expressos nossos sonhos e medos, nossos segredos e desterros, nossas esperanças e nossos dramas. Assim, plena de vida, a paisagem é a experiência concreta do viver com o outro, mesmo que as suas regras sejam absurdas. Por isso, a 'pele' exprime a diversidade e a pluralidade de nosso 'estar no mundo'.

No balanço da canção de Tim Maia, cantor e compositor carioca, vamos percorrendo diferentes lugares da cidade:

> Do Leme ao Pontal
> não há nada igual
> Do Leme ao Pontal
> não há nada igual
> no mundo
>
> Sem contar com Calabouço
> Flamengo, Botafogo
> Urca, Praia Vermelha
>
> Do Leme ao Pontal
> não há nada igual
> no mundo

Se do Leme ao Pontal não há nada igual no mundo, da Vila Kennedy à Central do Brasil também não há nada igual. A diversidade é a marca do Rio. São muitas as 'cidades do Rio de Janeiro'. Porém, cada uma delas é um fragmento de um espelho que reflete as demais. Falamos, então, de uma espacialidade diferencial construída por lugares particulares que constituem a cidade como uma totalidade em movimento.

Para o senso comum – reproduzido, geralmente, sem nenhuma crítica pelos meios de comunicação de massa –, vivemos em uma metrópole partida em duas: de um lado, uma cidade e de outro, uma não cidade (as favelas). A partir dessa consideração, multiplicam-se as antinomias: formal e informal, legal e ilegal, civilização e barbárie, ordem e violência. É evidente que tal clivagem expressa um modo de olhar para a cidade que identifica e denomina características como particulares a determinados lugares. Uma forte naturalização das desigualdades se afirma como se fossem inerentes às pessoas e a seus modos de vida definidos em hierarquias de civilidade e cidadania.

Quando olhamos a cidade para além da 'paisagem do maravilhoso', podemos identificar que, do Leme ao Pontal (bairros da Zona Sul carioca), há diferenças profundas nas formas e conteúdos da apropriação e uso do espaço urbano. Surgem outros nomes dentro dos nomes: Cantagalo, Pavão, Pavãozinho, Chapéu Mangueira, Vidigal, Rocinha (favelas localizadas nos bairros da Zona Sul). Outra paisagem urbana emerge da voz, dos sonhos, dos dramas, das esperanças e paixões dos seus habitantes. A diferença aparece teimosa e profundamente marcada pela desigualdade social presente na *cidade maravilhosa*.

As favelas surgiram como moradas possíveis de homens e mulheres pobres em uma ordem socioeconômica que se impôs ao processo de produção do espaço urbano carioca. Embora uma obra de todos os seus habitantes, a cidade nem sempre é o espaço de apropriação e uso de todos. 'Morro' e 'asfalto' são metáforas desse conflito social latente e suas implicações no cotidiano urbano, pois confessam a distinção espacial de direitos sociais na cidade.

A notória clivagem 'morro' *versus* 'asfalto' exprime uma divisão do 'estado de natureza' vivido por certas populações, em contrapartida ao civilizado 'domador da natureza'. De um lado, os que permanecem em condições de subalternidade, pobreza e distância dos padrões hegemônicos de civilidade. De outro, os que vivem a experiência do progresso, da cultura e da civilização como estilo de vida urbano.

Os residentes nos morros viveriam em situação de barbárie, delineadora das práticas não civilizadas, como o banditismo e a violência; ou como representativa da incapacidade e/ou do atraso das populações dos 'morros' proverem sua vida social, cultural e econômica. Enquanto os habitantes do 'asfalto' seriam os que vivem do trabalho, da cultura, da ordem e da lei. A cidade é vista como construída por paisagens/lugares incomunicáveis, separados por fronteiras rígidas que demarcariam relações 'de inclusão e exclusão' social no espaço urbano.

Essas leituras foram – e ainda são – resultantes de uma espécie de naturalização da violência material e simbólica que se reproduz na forma pela qual a cidade foi construída e organizada. A diferença é tratada como atraso e a desigualdade, como incapacidade. Na verdade, estamos diante de um não reconhecimento da pluralidade da cidade, sobretudo com a desqualificação de pessoas e de lugares e, de modo menos explícito, com a atribuição aos próprios habitantes das moradas populares a responsabilidade pela situação de pobreza material em que vivem.

Estigmas do corpo na imagem da cidade

As leituras discricionárias inscrevem os estigmas que acompanham os habitantes das favelas e legitimam práticas autoritárias em relação às comunidades populares da cidade, incluindo a remoção de muitas delas para os subúrbios 'sem asfalto' (sem saneamento, transporte ou escolas). Aos estigmas se somaram estratégias de banimento de pessoas indesejáveis, sobretudo durante as décadas de 1960 e 1970[3]. Os 'morros' sempre representaram a 'contrapaisagem' da cidade maravilhosa, devendo, portanto, ser banidos para horizontes distantes.

Tal processo autoritário e violento imposto às famílias residentes nas favelas jamais escondeu o seu sentido de 'limpeza' da paisagem e, sobretudo, o de apropriação por parte do mercado imobiliário de terrenos localizados em áreas valorizadas da cidade. Observamos, portanto, que relações autoritárias se impõem e definem conteúdos de opressão na forma de desmontagem dos lugares de vida e trabalho, além da anulação de laços de amizade e vizinhança necessárias à proteção social de famílias pobres da cidade.

A relação com os chamados 'morros', ou melhor, com as favelas e seus moradores, é também marcada pela ambiguidade das relações por parte dos moradores do 'asfalto'. O samba e sua festa máxima, o carnaval, são exaltados como elementos fundamentais de imagem do Rio de Janeiro. A força da imagem *cidade maravilhosa* se alimenta também de expressões culturais que têm sua origem na cultura afro-brasileira, portanto, invenção dos seres humanos chegados ao Brasil – e ao Rio de Janeiro – como escravos. Blocos carnavalescos, escolas de samba e gafieiras se tornaram os espaços primordiais de produção da música, da poesia e da dança consideradas genuinamente da cultura carioca.

Considerado uma das expressões mais ricas da cultura carioca e brasileira, o samba nasceu nos espaços populares e transformou-se em uma das mais importantes narrativas da vida na cidade. O samba e a cidade

---

[3] Entre os anos de 1962 e 1973 foram removidas cerca de 140 mil pessoas residentes em favelas, principalmente das localizadas na Zona Sul da cidade do Rio de Janeiro. Vf. SILVA, Jailson de Souza e BARBOSA, Jorge Luiz. *Favela: alegria e dor da cidade*. Rio de Janeiro: SENAC/X-Brasil, 2005.

são inseparáveis. Uma generosa ligação parece existir entre as manifestações culturais de origem negra e a *cidade maravilhosa*. Contudo, a cultura do outro, do diferente – representada pelos negros –, foi muitas vezes tratada como exótica e, no limite, mercadoria a ser vendida para turistas vorazes. Entre esses extremos habitaram práticas discricionárias e arbitrárias que consideravam os sambistas como marginais e preguiçosos e seus espaços culturais como antros da malandragem e do perigo.

O samba sempre desceu o morro, principalmente no carnaval, para fazer a festa e alegria do asfalto. Sua provocação maior foi sempre a inversão, mesmo que provisória, de valores e práticas dominantes da cidade: a festa no lugar do trabalho, o corpo no lugar da razão, o prazer no lugar do negócio. Uma criação do mundo ao revés na sua originalidade estética e na produção de identidades culturais plurais na cidade[4].

Todavia, o carnaval vem sendo incorporado à cidade, apesar das suas tradições socioculturais valiosas, como uma empresa de espetáculos de exportação turística. Criou-se, inclusive, um espaço especial e permanente para o desfile das escolas de samba – o famoso Sambódromo –, disciplinando e domesticando a festa aos interesses das emissoras de TV e restringindo a presença fugidia e imprevisível de sambistas e foliões nas ruas. Sob o domínio de interesses mercantis, o carnaval é tratado como uma festa para ser vista: mais imagem do que corpo, mais trabalho do que prazer e mais negócio do que ócio.

Há uma nova situação, entretanto: o sambista não é mais tratado como vagabundo ou potencial criminoso (esse estigma recai agora sobre os grupos populares de *funk* e *hip-hop*), como nas primeiras décadas do século XX. Não há mais repressão ou restrição à festa máxima do samba como havia até as primeiras décadas do século passado, mesmo porque agora os brancos das classes médias se inserem no espetáculo. Mulatas flamejantes desfilam sua beleza, enquanto passistas e músicos exibem

---

[4] Para o aprofundamento do tema, ver FERNANDES, Nelson N. La ciudad y la fiesta: orígenes, desarrollo y significado de las "escolas de samba" de Rio de Janeiro (1928 -1941). *Scripta Nova, Revista Electrónica de Geografía y Ciencias Sociales*. Barcelona: Universidad de Barcelona, n. 24, 1 jul. 1998.

sorrisos e virtudes. São admirados, fotografados, saudados e homenageados como os 'donos' do samba. Esses artistas anônimos, sempre reverenciados nos carnavais, muitas vezes são os mesmos pretos e pardos tratados com rispidez e violência pela polícia quando estão nos morros. São os mesmos pretos e pardos (negros) considerados como incapazes e pouco afeitos ao trabalho pelos olhares preconceituosos que ainda permanecem entre muitos dos moradores do asfalto.

Revela-se outra face das relações perversas em nossa cidade: o tratamento desigual dado às pessoas, sobretudo aos negros, de acordo com o lugar que habitam e a paisagem que encarnam. O corpo e a imagem são combinados de acordo com as relações que se quer estabelecer sobre determinados grupos sociais e indivíduos. Portanto, não estamos diante de um tratamento meramente ambíguo de pessoas e práticas culturais. A discriminação tem um sentido explícito dos lugares diferenciados da cidade e, evidentemente, da imagem que os simboliza.

Os lugares carregam o estigma das imagens, assim como os seus moradores carregam os estigmas no corpo. Longe das favelas, os preconceitos não se diluem facilmente, sobretudo em relação aos jovens negros. Basta que eles andem pelas ruas em grupo e se vistam com bermudas, bonés e cordões para serem tomados como uma provável ameaça. As imagens atravessam os lugares e acompanham os corpos. À discriminação social combina-se a discriminação étnica que reitera a violência física e a discriminação simbólica em relação aos pretos e aos pardos oriundos dos morros da cidade.

A paisagem do morro como mirada da cidade

A construção de imagens dicotômicas, sintetizadas na relação asfalto/morro, exprime processos de hierarquização territorial de direitos sociais na metrópole carioca. Distinções autoritárias e arbitrárias que fortalecem, sem a menor dúvida, as restrições ao uso pleno da cidade como espaço da realização da vida em sociedade.

As favelas cresceram, se expandiram e consolidaram sua ocupação nos morros, nas orlas e nas margens dos rios em um ritmo vertiginoso.

Na década de 1990, a taxa de crescimento anual dos habitantes das favelas atingiu 2,4%, enquanto na década anterior era de 1,91%. Atualmente, segundo as informações do Censo 2000 do IBGE, 18,7% da população da cidade do Rio de Janeiro residem em favelas localizadas ao sul, ao norte e ao oeste da cidade[5]. Cada uma delas – e em cada conjunto geográfico – guarda sua própria história. Porém, é necessário reconhecer que essas formas particulares são integrantes da construção de uma mesma cidade, pois são fruto e semente da urbanização carioca.

Em algumas situações, as favelas acompanharam o deslocamento ou a implantação de fábricas e o crescimento de atividades comerciais e de serviços. Em outras, a favela chegou primeiro, originando a geografia de novos bairros como mercados de terras, trabalho e consumo. Na maioria das vezes, foi a procura por trabalho que originou a localização de muitas delas, além da busca por moradia. As favelas nos mostram que a paisagem é uma dimensão que exprime as condições sociais em que os homens e mulheres habitam no espaço urbano metropolitano.

Não se pode desconsiderar, entretanto, que o processo de crescimento e expansão das favelas está diretamente relacionado às condições sociais e políticas de regulação fundiária, de produção da habitação e de distribuição de serviços urbanos. Essas relações de poder assumiram a condição de instrumentos poderosos de distinção socioespacial, empurrando a população mais pobre para as áreas de menor valor monetário e simbólico na metrópole.

Como afirmamos anteriormente, a incômoda presença das favelas na paisagem da cidade, sobretudo as localizadas na Zona Sul, foi um dos elementos decisivos para as políticas de remoções das décadas de 1960 e 1970. As famílias residentes nas favelas perderam, com as práticas de remoção do Estado, a relação mais cotidiana com parentes, amigos e vizinhos com os quais teciam uma vasta rede de ações de solidariedade e de proteção social indispensável à sua existência na cidade.

---

5 A população total do município do Rio de Janeiro alcançava seis milhões de habitantes em 2000 (Censo 2000, IBGE).

A construção de conjuntos habitacionais na periferia da cidade para abrigar as famílias removidas – Cidade de Deus (Zona Oeste); Vila Kennedy, Vila Aliança e Vila Esperança (Zona Norte), por exemplo – faz parte desse processo de mudança da paisagem, cujo conteúdo autoritário e compulsório estava imerso nos interesses do capital imobiliário na construção de prédios e condomínios para as classes de média e alta renda. Em contrapartida, esses mesmos conjuntos habitacionais – e seu entorno – se transformaram rapidamente em 'espaços favelizados', recaindo sobre eles os mesmos estigmas atribuídos às favelas.

Revela-se, portanto, o processo de construção de uma identidade imposta à cidade do Rio de Janeiro: identidade que se fundamenta em critérios de sociabilidade expressos na 'paisagem natural simbolizada' – e nos lugares que as reverenciam – como arquétipos de progresso e civilização. A força imaginária redutora das diferenças e, sobretudo, legitimadora das desigualdades socioespaciais permanece em conflito permanente, aberto ou latente, com recortes urbanos populares. Dentre esses recortes, as favelas são, sem dúvida, os seus principais lugares de contraponto, constituindo duelos na paisagem.

As favelas são, na realidade, moradas possíveis de invenção da vida, do trabalho, da cultura e da sociabilidade de homens e mulheres sem direitos plenos de apropriação e uso do espaço urbano carioca. Apesar de toda a sua expressão quantitativa e qualitativa na história da cidade, as favelas nunca foram reconhecidas na sua positividade e importância na construção do espaço urbano no passado e no presente. A negação da sua presença na cidade e a ambiguidade perversa no tratamento de seus moradores são elementos matriciais das atitudes político-ideológicas e das práticas socioculturais dominantes que reproduzem relações discricionárias e, no limite, profundamente conservadoras do significado da cidade. Esse não reconhecimento da alteridade dos demais habitantes do Rio de Janeiro tem produzido relações excludentes e intolerantes que, por sua vez, reproduzem a negação de um direito social primordial: o direito de ser paisagem.

Conclusão

Para Walter Benjamim, a cidade deveria ser lida como se fosse uma floresta de símbolos. Seus encantos e desencantos deveriam ser explorados. Ruas, becos, esquinas e vãos guardavam memórias recônditas que, para o filósofo alemão, deveriam ser despertadas como marcas do tempo e do espaço. A cidade do Rio de Janeiro pode ser considerada como uma geografia de fusão e fissão de imagens dos sentidos dos lugares que a compõem. Essas imagens exprimem, por excelência, os conflitos de marcações dos lugares que pertencem – ou que não devem pertencer – à ordem simbólica considerada e aceita como expressão de civilidade e do progresso. Por outro lado, o romantismo, que muitas vezes envolve as leituras das belezas naturais da paisagem carioca, oculta ideologias conservadoras, sobretudo as que discriminam sujeitos sociais e lugares da metrópole e, consequentemente, as condenam à invisibilidade social e cultural.

A identidade imposta da *cidade maravilhosa* revela seu sentido mais conservador ao naturalizar a desigualdade social, concretamente manifestada na 'lugarização diferencial das paisagens'. 'Morro' e 'asfalto', há mais de um século, compõem o processo da construção imaginária da cidade, são inseparáveis nos seus conflitos e contradições. São representativos de uma história social e política impressa nas formas urbanas. Reconhecer a existência de suas diferenças – e desigualdades – é fazer da floresta de símbolos um espaço/tempo para uma nova 'mirada consciente e intencional' da paisagem e, a partir da construção de sua leitura crítica, outra referência para a utopia da *cidade maravilhosa*.

REFERÊNCIAS BIBLIOGRÁFICAS

ABREU, Maurício de Almeida. Reconstruindo uma história esquecida: origem e expansão inicial das favelas do Rio de Janeiro. *Espaço e Debates*, n. 37, Rio de Janeiro, 1994.

AMANCIO, Tunico. *O Brasil dos gringos*. Rio de Janeiro: Intertexto, 2000.

BARBOSA, Jorge Luiz. *Modernização urbana e movimento operário*. 1990. Dissertação (Mestrado em Geografia). Programa de Pós-Graduação em Geografia, Universidade Federal do Rio de Janeiro, Rio de Janeiro.

______. Olhos de ver, ouvidos de ouvir: os ambientes malsãos da capital da República. In: ABREU, Mauricio. *Natureza e sociedade no Rio de Janeiro*. Rio de Janeiro: Prefeitura da Cidade do Rio de Janeiro, Secretaria Municipal de Cultura, Turismo e Esportes, 1992.

BARRETO, Lima. *Clara dos Anjos*. Rio de Janeiro: Ediouro, 1997.

BERQUE, Augustin. *Les raisons du paysage*. Paris: Hagan, 1995.

CALVINO, Ítalo. *As cidades invisíveis*. São Paulo: Companhia das Letras, 1993.

CAPEL, Horácio. Percepción del médio y comportamiento geográfico. *Revista de Geografía*, Barcelona, Universidad de Barcelona, v. VII, n. 1, 1973.

FERNANDES, Nelson N. La ciudad y la fiesta: orígenes, desarrollo y significado de las "escolas de samba" de Rio de Janeiro (1928-1941). *Scripta Nova, Revista Electrónica de Geografía y Ciencias Sociales*, Barcelona, Universidad de Barcelona, n. 24, 1 jul. 1998.

LEDRUT, Raymond. *Les images de la ville*. Paris: Éditions Anthropus, 1973.

LEEDS, Anthony; LEEDS, Elizabeth. *A sociologia do Brasil urbano*. Rio de Janeiro: Zahar, 1978.

LEFEBVRE, Henri. *O direito à cidade*. São Paulo: Documentos, 1969.

PARISSE, Lucien. F*avelas do Rio de Janeiro: evolução, sentido*. Rio de Janeiro: Cadernos do CENPHA, n. 5, 1969.

PERLMAN, Janice. *O mito da marginalidade: favelas e política no Rio de Janeiro*. Rio de Janeiro: Paz e Terra, 1980.

RONAI, Maurice. P*aysages. Hérodote, Révue de Géographie et de Géopolitique*, Paris, n. 1, 1976, p. 125-159.

SILVA, Jailson de Souza e; BARBOSA, Jorge Luiz. Favela: alegria e dor da cidade. São Paulo / Rio de Janeiro: SENAC / X-Brasil, 2005.

ZALUAR, Alba. Um século de favela. Rio de Janeiro: Fundação Getúlio Vargas, 1980.

Jailson de Souza e Silva

Um espaço em busca de seu lugar

As favelas para além dos estereótipos

São 200, são 300
as favelas cariocas?
O tempo gasto em contá-las
é tempo de outras surgirem.
800 mil favelados
ou já passa de 1 milhão?
Enquanto se contam, ama-se
em barraco e a céu aberto,
novos seres se encomendam
ou nascem à revelia.
Os que mudam, os que somem,
os que são mortos a tiro
são logo substituídos.
Onde haja terreno vago
onde ainda não se ergueu
um caixotão de cimento
esguio (mas se vai erguer)
surgem trapos e panelas,
surge fumaça de lenha

em jantar improvisado.
Urbaniza-se? Remove-se?
Extingue-se a pau e a fogo?
Que fazer com tanta gente
brotando do chão, formigas
de um formigueiro infinito?
Ensinar-lhes paciência,
conformidade, renúncia?
Cadastrá-los e fichá-los
para fins eleitorais?
Prometer-lhes a sonhada,
mirífica, rósea fortuna
distribuição (oh!) de renda?
Deixar tudo como está
para ver como é que fica?
Em seminários, simpósios,
comissões, congressos, cúpulas
de alta prosopopeia, elaborar a perfeita
e divina decisão?
Um som de samba interrompe
tão sérias indagações
e a cada favela extinta
ou em bairro transformada
com direito a pagamento
de COMLURB, ISS, RENDA,
outra aparece, larvar,
rastejante, insinuante,
grimpante, desafiante,
de gente qual gente: amante,
esperante, lancinante...
O mandamento da vida
explode em riso e ferida.

CARLOS DRUMMOND DE ANDRADE (1979)

Apresentação

O surgimento, espraiamento e consolidação das favelas são aspectos dos mais significativos e, contraditoriamente, desconhecidos na dinâmica de constituição da região metropolitana do Rio de Janeiro. O desconhecimento, em geral, das práticas sociais cotidianas desenvolvidas pelos moradores que constituem aqueles espaços não impede, entretanto, a construção de uma série de juízos a seu respeito. Juízos esses elaborados, em geral, por representantes, oficiais ou não, das vozes dominantes da cidade.

O presente artigo tem como objetivo central analisar os pressupostos que sustentaram as representações mais comuns em relação às favelas e aos seus moradores. Em um segundo momento, são apresentadas algumas referências, ainda embrionárias, que podem contribuir na construção de outro olhar a respeito das práticas instituintes dos espaços favelados e de outras áreas populares.

O artigo, cabe assinalar, insere-se dentro de um processo de formulação coletiva que vem sendo desenvolvido em um projeto institucional denominado Observatório de Favelas do Rio de Janeiro[1]. O objetivo do projeto é desenvolver um conjunto sistemático de estudos e proposições sobre os espaços populares do estado do Rio de Janeiro, sendo a criação de uma rede de pesquisadores acadêmicos e moradores dos espaços populares o eixo de sua intervenção. Nesse sentido, o texto é marcado pela provisoriedade e, de certa forma, por um caráter ensaístico, fruto do momento e das condições de formulação.

---

[1] Cabe ressaltar, nesse sentido, a valiosa contribuição de Jorge Luiz Barbosa, companheiro de caminhada socioacadêmica e interlocutor precioso, no desenvolvimento desse texto, em especial.

Sobre as representações estereotipadas das favelas e de seus moradores

> As diferentes classes e frações de classes estão envolvidas numa luta propriamente simbólica para imporem a definição do mundo social mais conforme aos seus interesses. (BOURDIEU, 1989, p. 11)

"O que é uma favela?" A pergunta foi feita a pessoas de distintos grupos sociais e categorias profissionais em uma enquete informal. As respostas revelaram um quadro de opiniões sobre aquele espaço popular surpreendentemente homogêneo. Com efeito, independente da posição política, da condição educacional, da perspectiva ética e religiosa, há um razoável acordo sobre o que seria a favela. Nesse sentido, há, em relação a esse espaço social e geográfico, quase que uma unanimidade na forma como ele é representado[2].

O eixo paradigmático da representação desse espaço popular é a noção de ausência. A favela é definida pelo que ela não é ou pelo que não tem. Outro elemento peculiar da representação usual das favelas é sua homogeneização. A valorização da **ausência** e da **homogeneização** como elementos definidores das favelas está presente desde as primeiras formulações oficiais a respeito do fenômeno, como expressa a caracterização feita no censo realizado em 1950:

> São consideradas favelas todos os aglomerados urbanos que possuam, total ou parcialmente, as seguintes características:
>
> Proporções mínimas: agrupamentos prediais ou residenciais formados com unidades de número geralmente superior a 50.
>
> Tipo de habitação: predominância, no agrupamento, de **casebres ou barracões de aspecto rústico**, construídos principalmente de folhas de flandres, chapas zincadas, tábuas ou materiais semelhantes.

---

2 As representações são, no âmbito desse trabalho, compreendidas como construções mentais sintéticas, decorrentes dos vínculos em variados graus estabelecidos no cotidiano pelos agentes em múltiplos campos: profissional, político, religioso, comunitário, educacional e outros.

> Condição jurídica de ocupação: construções **sem** licenciamento e sem fiscalização, em terrenos de terceiros ou de propriedade desconhecida.
>
> Melhoramentos públicos: **ausência**, no todo ou em parte, de rede sanitária, luz, telefone e água encanada.
>
> Urbanização: área **não** urbanizada, com **falta** de arruamento, numeração ou emplacamento. (CENSO 1950, DEPARTAMENTO DE GEOGRAFIA E ESTATÍSTICA DA PREFEITURA DO DISTRITO FEDERAL, grifos nossos)

Essa formulação expressa, de forma plena, a representação de favela que tornou-se hegemônica no espaço urbano carioca. A definição apresentada no Plano Diretor da Cidade do Rio de Janeiro, promulgado em 1992, não escapa dessa forma de representação da favela. Ela tem como novidade a inclusão de uma variável social, no caso, a renda. Contudo, o Plano também classifica a favela a partir de suas ausências:

> Favela – área predominantemente habitacional, com ocupação por população de baixa renda, precariedade da infraestrutura e de serviços públicos, vias estreitas e de alinhamento irregular, lotes de forma e tamanho irregulares e construções não licenciadas em desconformidade com os padrões legais (PLANO DIRETOR DECENAL DA CIDADE DO RIO DE JANEIRO, 1992, art. 147)

O Instituto Brasileiro de Geografia e Estatística (IBGE), por sua vez, manteve, no Censo 2000, a essência da definição utilizada no censo de 1950. A diferenciação básica, na perspectiva de ampliar o seu alcance, foi a identificação dos espaços favelados como subconjunto de um "aglomerado subnormal":

> Conjunto constituído de, no mínimo, 51 unidades habitacionais (barracos, casas), ocupando ou tendo ocupado até período recente, terreno de propriedade alheia (pública ou particular) dispostas, em geral, de forma desordenada e densa, bem como carentes, em sua maioria, de serviços públicos essenciais. (CENSO 2000, INSTITUTO BRASILEIRO DE GEOGRAFIA E ESTATÍSTICA)

A definição centrada na paisagem facilitou, por sua vez, o reconhecimento de reivindicações por obras de infraestrutura, presentes em um grande número de ocupações. A organização popular, manifestada das mais variadas formas, permitiu uma significativa ampliação do acesso regular a água, esgoto, coleta de lixo, asfaltamento e iluminação. Além disso, difundiu-se a construção de escolas, creches e postos de saúde, bandeiras centrais na busca de uma melhor qualidade de vida por parte dos moradores locais. O item no qual menos se avançou foi justamente o que coloca em questão, de modo mais incisivo, as formas de apropriação e uso do espaço urbano, no caso, o acesso à titulação da propriedade.

Os diversos tipos de intervenções nas favelas, decorrentes de demandas e ações organizadas pelos próprios moradores ou fruto de projetos estatais voltados para a reordenação do espaço urbano, geraram uma profunda alteração na paisagem do Rio de Janeiro. Com isso, a maior parte das favelas deixou de se enquadrar na representação que se fez hegemônica no imaginário da cidade. Assim, pouco mais de meio século após o censo de 1950, a maioria dos territórios caracterizados como favelas adquiriu características profundamente distintas das presentes em sua definição original.

Persiste, entretanto, no imaginário dos moradores da cidade, em particular dos residentes nos espaços formais[3]– e, por consequência, entre as autoridades públicas – uma representação das favelas (e dos favelados) nos termos de sua representação nas décadas de 1940 e 1950. A percepção anacrônica dos espaços populares foi, inclusive, ampliada, de forma que não só as ocupações continuaram a ser percebidas como um espaço de ausências – urbanas, sociais, legais e morais. Os grandes conjuntos habitacionais, construídos pelo poder público no encaminhamen-

3 As favelas e loteamentos irregulares são identificados pelos órgãos públicos municipais do Rio de Janeiro como espaços 'informais' em função da ausência do cumprimento de determinadas normas urbanas legais. Nesse caso, os bairros seriam os espaços 'formais'. A generalização dos termos contribui para ampliar a imprecisão sobre as características desses territórios. O termo 'asfalto', utilizado historicamente pelos moradores da favela para denominar os bairros, tem caído em desuso. Atualmente, nas favelas cariocas, quando se fala a respeito da própria localidade, se utiliza, em geral, 'comunidade', mas quando se fala de outros espaços análogos, é usual o termo 'favela'.

to da 'política remocionista'[4], apresentam-se no imaginário dos moradores da cidade como favelas, embora tenham características, no plano da paisagem, distintas das definições propostas.

O Complexo da Maré, por exemplo, reúne 16 comunidades, sendo que nove delas foram construídas pelo poder público. Embora considerado oficialmente, desde o final da década de 1980, como um bairro, ele é comumente identificado como um dos maiores complexos de favelas do Rio de Janeiro, seguido do Complexo do Alemão, da Rocinha e do Jacarezinho, todos também denominados, oficialmente, como bairros. Na verdade, a definição desse tipo particular de território nos termos propostos pelo Plano Diretor do Rio de Janeiro é tão genérica que qualquer localidade pode ser considerada como tal. Naquele documento, eles são definidos como "porções do território que reúnem pessoas que utilizam os mesmos equipamentos comunitários, dentro dos limites reconhecidos pela mesma denominação" (PLANO DIRETOR DECENAL DA CIDADE DO RIO DE JANEIRO, 1992, art. 42).

Os moradores da Maré, entretanto, não reconhecem, em geral, o seu espaço de moradia como um bairro[5]. Para eles, seria necessária a melhoria das condições urbanas e, principalmente, uma maior consonância entre as regras da cidade e as da favela, em particular no que diz respeito às formas de intervenção da polícia e ao modo de funcionamento do comércio ilegal drogas. Nesse caso, o bairro se coloca como um projeto, um **vir a ser**, que, para ser materializado, demanda um novo tipo de intervenção do poder público, pelo menos.

Assim, o tipo de representação hegemônica afirmado em relação aos espaços populares ignora a historicidade e a espacialidade do fenômeno que busca apreender. Instala-se, portanto, uma contradição no processo de apreensão dos espaços favelados, expressa em uma crise de representação no que diz respeito à correspondência entre o objeto representado e a imagem hegemônica que dele se tem. A percepção que se tem do

---

[4] Intervenção efetivada por sucessivos governos cariocas, entre 1962 e 1973, que tinha como meta a erradicação das favelas, com a transferência da sua população para conjuntos habitacionais localizados em áreas periféricas da cidade. Vf. PARISSE, 1969 e VALLADARES, 1980.

[5] Depoimentos de recenseadores do "Censo Maré 2000: quem somos, quantos somos e o que fazemos".

objeto não traduz os elementos materiais que o significam, de forma particular. A representação conceitual foi sendo, portanto, de forma progressiva, substituída por uma representação estereotipada[6]. Nela, os **preconceitos** e juízos generalizantes, desprovidos da relação direta com o núcleo do fenômeno, caracterizam o processo de apreensão do objeto.

A valorização de pretensas ausências e de uma aparente homogeneidade, assim como a ênfase na paisagem como elemento definidor daquele tipo de território popular têm um pressuposto fundamental. Esse, por sua vez, se desdobra em duas formas, pelo menos, de se perceber os moradores das favelas e suas práticas sociais. No caso da premissa, são evidentes as referências sociocêntricas que sustentam o olhar dirigido ao espaço favelado. O sociocentrismo se materializa quando, a partir dos padrões de vida, valores e crenças de um determinado grupo social, se estabelece um conjunto de comparações com outros grupos, colocados, em geral, em condições de inferioridade. Os discursos estabelecidos em relação aos espaços populares seguem esse padrão: são definidos por suas ausências, devido ao fato de não serem reconhecidos como espaços legítimos.

Nas definições propostas, o elemento paisagístico é a variável que explica a favela, por excelência. Ela é contraposta a um determinado ideal de urbano, vivenciado por uma pequena parcela dos habitantes da cidade. Não é casual, então, que os espaços favelados sejam vistos como um espaço externo à pólis, ao território reconhecido como o lugar, por excelência, de exercício da cidadania.

No mês de dezembro de 2000, a revista "Veja" expressou em uma de suas capas esse juízo, marcado pelo temor: acompanhada da manchete "A periferia cerca a cidade", apresentava-se uma imagem na qual as construções de alvenaria, em cor escura – remetendo à visão de formigas saúvas em movimento –, iam devorando gradativamente prédios brancos e limpos. O exemplo, recorrente nos meios de comunicação, é ilustrativo do temor, atávico em amplos setores sociais do Rio de Janeiro e outras metrópoles, de que o "morro desça" e a cidade seja dominada pelo caos.

---

6 Segundo o dicionário Houaiss, estereótipo é a ideia ou convicção classificatória preconcebida sobre alguém ou algo, resultante de expectativa, hábitos de julgamento ou falsas generalizações.

A lógica que caracteriza, de forma consciente ou não, a percepção desses setores sociais é a de que o direito ao exercício da cidadania não é inerente ao nascimento do indivíduo no Estado-nação, conforme define a Constituição brasileira. O reconhecimento da cidadania é relativizado de acordo com a cor da pele, o nível de escolaridade, a faixa salarial e/ou o espaço de moradia dos residentes na cidade. O juízo se expressa, de forma particular, no menor ou maior grau de tolerância às diferentes manifestações de violência, de acordo com o alvo da agressão e não com o ato em si.

O pressuposto sociocêntrico, nessa perspectiva, se materializa sobremaneira de duas formas, que são, de certo modo, complementares. A primeira é bem expressa pelo trecho de uma reportagem de um grande jornal carioca:

> Principal alvo da violência urbana, jovens de comunidades carentes começam a encontrar em escolas dos estados do Rio de Janeiro e Pernambuco a oportunidade de se afastar das drogas e do crime. (O GLOBO, 8 de abril de 2001)

O juízo subjacente à citação é o de que todos os jovens da periferia são potencialmente criminosos e, por isso, precisariam ter o seu tempo ocupado – sem importar muito como – a fim de não seguirem o caminho da criminalidade. O fato de existirem tão poucas pessoas, proporcionalmente falando, envolvidas com atos criminosos no Rio de Janeiro – considerando-se as precárias condições de vida da população, historicamente – não é levado em conta na afirmação do discurso.

A estereotipia dos espaços favelados se faz presente não só na forma **conservadora** acima apontada como também em uma forma pretensamente **progressista**. Na primeira forma, os moradores aparecem como criminosos em potencial e/ou como colaboradores de forças criminosas. Na representação **progressista**, os residentes em favelas, há algumas décadas, eram identificados por alguns setores sociais como **bons favelados**[7]. O juízo estabelecia uma analogia com a visão romântica do **bom selvagem**, símbolo antimoder-

[7] Vf. VALLADARES, 1980.

no de uma cidade racional e individualista. Embora essa idealização ainda se faça presente, tornou-se mais comum, dentre os que assumem a perspectiva identificada como progressista, sua identificação como vítimas passivas – e intrinsecamente infelizes – de uma estrutura social injusta.

Ora, essa visão contribui para a afirmação de uma postura paternalista e empobrecedora da cidadania: priorizando apenas os direitos sociais – e nunca os deveres coletivos correspondentes –, aceitam-se como naturais eventuais práticas ilegais efetivadas por alguns moradores, tais como a receptação de objetos roubados, a privatização indiscriminada de espaços coletivos, a falta de pagamento de taxas e serviços – água, luz e impostos – e, no limite, a prática de roubos e assaltos. Atos considerados, de certa forma, como meios de distribuição de renda, diante da sua vergonhosa concentração, forma de denunciar a segregação espacial da cidade.

O que essas práticas expressam, na verdade, é a (re)afirmação de uma lógica individualizada no processo de resolução das demandas sociais, postura que dificulta a superação dos problemas cotidianos presentes nos espaços populares. A justificativa social de atos criminosos e/ou que violam os direitos da coletividade sustenta-se também em uma visão monolítica das práticas afirmadas nos espaços populares, desconhecendo-se as múltiplas redes sociais neles presentes. Assim, a estereotipia progressista revela-se incapaz de oferecer alternativas ao discurso conservador, sendo tão discriminatório quanto ele.

Sustentadas nesses tipos de representação, as intervenções institucionais encaminhadas nas favelas, em sua maioria – tanto do poder público como as acadêmicas –, caracterizaram-se pela ignorância e/ou idealização das estratégias criativas, complexas e heterogêneas efetivadas pelos atores locais no sentido de melhorarem sua qualidade de vida. As intervenções, em geral, desconheceram – ou mitificaram – os mecanismos de sociabilidade, de circulação na sociedade formal, de intervenção na vida pública, de compreensão das relações sociais nos seus mais variados níveis e, para não ser exaustivo, de interpretação das próprias situações de (sobre)vivência que os moradores foram produzindo historicamente. E quando o fizeram, elas terminaram por isolar esse lugar do espaço urbano que ele também constitui e, com isso, acabaram por se apropriar e/ou apresentar essas vivências como se os cidadãos locais, seus vizinhos, fossem **nativos**. A **exotização** foi mais do que uma prática metodológica: uma prática social.

Nesse quadro, as propostas de 'participação da população', algumas vezes afirmadas nas intervenções, não atingiram, em geral, os objetivos almejados. Esse fracasso contribuiu, de forma perversa, para reforçar a noção estigmatizante de que os moradores das comunidades populares seriam indolentes e/ou alheios às resoluções de seus problemas, aliás, problemas esses mediados pelo olhar dos proponentes das ações.

Na verdade, não basta ter acesso à participação e/ou ao consumo de bens culturais valorizados socialmente para deles se apropriar. É necessário que as disposições que permitam as apropriações sejam identificadas, reconhecidas e orientem as intervenções. Parodiando a linguagem acadêmica, os moradores permaneceram, em geral, na condição de objetos dos responsáveis pela intervenção. O corolário desse quadro foi a (re)produção da estigmatização das comunidades faveladas e de seus habitantes. Ela se manifesta via políticas macrossociais, mas também através de distorções nos mecanismos de investigação e de solidariedade que foram historicamente construídos para se superar a marginalização desses setores sociais.

No processo, tornou-se comum, em amplos setores do espaço urbano, a presença de uma postura indulgente em relação a um conjunto de práticas sociais existentes nas favelas. Como consideram impossível construir uma vida adequada a partir de um cotidiano marcado por dificuldades materiais, gestos expressivos de alegria manifestados por pessoas dos setores populares são interpretados, muitas vezes, como algo próximo da 'bestialização'. A postura remete ao olhar de um senhor diante de seus escravos, quando eles se divertiam com suas "brincadeiras de negros". A ideia de alienação, por seu lado, caracteriza alguns olhares dominados pelo intelectualismo, mesmo quando acompanhado do sentimento de solidariedade com grupos sociais populares. Assim, os moradores da favela, em especial, seriam caracterizados por uma pretensa distância em relação ao padrão racional característico dos cidadãos urbanos e/ou pelo seu desconhecimento da **realidade social**.

O combate aos dois discursos deve ser estabelecido, portanto, em função dos seus pressupostos e efeitos práticos: neles, os moradores das favelas são identificados como marginais inatos ou indivíduos intrinsecamente passivos. Eles ignoram a multiplicidade e diversidade de ações objetivas encaminhadas por diferentes atores dos espaços populares no processo de enfrentamento dos limites sociais e pessoais de suas existências. Os moradores das favelas, com efeito, não analisam suas vidas apenas a partir das noções de ausência e/ou negação. Da mesma forma, não reconhecem a violência existente em seu cotidiano de modo semelhante à concebida pela maioria dos setores dominantes e médios. Eles levam em conta também os aspectos afirmativos, integrantes de sua cotidianeidade.

Logo, a construção de outra representação das favelas – para além das **ausências mais visíveis** – faz-se necessária. Ela deve pressupor que os moradores dos espaços populares desenvolvem formas ativas e contrastantes para enfrentarem suas dificuldades do dia a dia de acordo com suas trajetórias pessoais e coletivas, características socioculturais e geográficas da localidade, peso do tráfico de drogas e postura assumida pelos dirigentes das entidades comunitárias, dentre outras variáveis.

Os moradores estabelecem a delimitação dos espaços e dos vínculos sociais na comunidade, buscam canais alternativos para o acesso a instituições culturais e educacionais, desenvolvem formas sutis de enfrentamento à violência criminosa e policial – buscando uma equidistância em relação ao conflito estabelecido ou mesmo apelando, de acordo com a conveniência e compreensão de sua cidadania, para um dos polos do poder armado. Além disso, estabelecem relações subservientes com órgão estatais que oferecem serviços públicos nas localidades, firmam relações clientelistas com políticos fisiológicos para garantir em determinados benefícios e/ou organizam iniciativas reivindicatórias com ênfase na participação e envolvimento da população.

Todas as ações são exemplos de práticas desenvolvidas em diferentes localidades a fim de melhorar a qualidade da vida cotidiana, independente dos juízos que se possam fazer sobre algumas delas. Afinal, as pessoas inventam múltiplos mecanismos para ter uma vida cotidiana mais feliz e intensa, em um quadro de dificuldades que não é ignorado, mas enfrentado de forma criativa e, sem dúvida, muitas vezes sofrida.

Naturalmente, a superação dos evidentes limites presentes nas condições de vida dos grupos sociais populares é uma necessidade a ser encarada pelos poderes públicos e amplos setores sociais. Ela passa, porém, pela quebra da hegemonia das referências sociocêntricas. Isso pode ser feito via criação de mecanismos de diagnóstico e definição de ações que levem em conta as estratégias sociais construídas pelos diversos grupos sociais populares. Diagnósticos que busquem, como um princípio metodológico, a articulação entre atores oriundos do espaço local ou, pelo menos, social e de outros territórios.

O Observatório de Favelas se coloca diante desse desafio e vem buscando se articular com diferentes grupos, institucionais ou não, que compartilham dessas referências. Ele vem formulando e/ou sistematizando uma série de conceitos que pode contribuir para a construção de novas formas de apreensão do fenômeno da favelização. O Observatório considera que esse tipo de formulação, articulada com uma inserção ampliada no cotidiano popular, pode colaborar para a difusão de formas de representação consonantes com a realidade atual dos espaços favelados. O item que se segue busca apresentar algumas referências teóricas, embrionárias, que sustentam a busca desses novos caminhos.

Sobre as práticas sociais nos territórios favelados

O sociólogo francês Pierre Bourdieu construiu um projeto teórico cujo objetivo fundamental era a análise das práticas sociais dos diferentes agentes sociais. Na busca de ir além das dicotomias tradicionalmente estabelecidas entre a corrente estrutural e as proposições subjetivistas, ele elaborou uma série de conceitos voltados para a apreensão da dinâmica instituinte das ações individuais e coletivas. No que concerne às práticas dos agentes dos espaços favelados, dentre outros, podemos considerar, com Bourdieu, que elas são exercitadas através da utilização de diferentes estratégias produzidas a partir da influência do *habitus* e desenvolvidas em diversos "campos sociais".

O conceito de *habitus*, na acepção utilizada por Bourdieu, sofreu reformulações desde a sua proposição original, na década de 1960. Em sua formulação mais recente, o *habitus* é concebido como

> um conjunto sistemático de princípios simples e parcialmente substituíveis, a partir dos quais podem ser inventadas uma infinidade de soluções que não se deduzem diretamente de suas condições de produção (BOURDIEU, 1981 apud ACCARDO e CORCUFF, 1986, p. 26).

O conceito de "campo" é, por sua vez, definido como

> um espaço multidimensional de posições tal que qualquer posição atual pode ser definida em função de um sistema multidimensional de coordenadas cujos valores correspondem aos valores das diferentes variáveis pertinentes: os agentes distribuem-se assim nele, na primeira dimensão, segundo o volume global do capital que possuem e, na segunda dimensão, segundo a composição do seu capital - quer dizer, segundo o peso relativo das diferentes espécies no conjunto de suas posses (BOURDIEU, 1989, p. 135).

O "campo" define, portanto, o espaço onde se adquire – e se utiliza – o capital específico. Nesse caso, ele expressa um estado da relação de forças entre agentes e/ou entre instituições, que buscam preservar ou melhorar suas posições em estruturas dotadas de relativa autonomia. Por isso, a noção de "capital" é mais abrangente que a usual, correspondendo não só a recursos de ordem econômica, mas também a recursos culturais, sociais e simbólicos em condições de serem **investidos** e **multiplicados**.

Habitus e "campo social" são, portanto, ideias fundamentais para a análise da dinâmica social realizada por Bourdieu. Para ele,

> toda a sociedade repousa sobre a relação entre dois princípios dinâmicos: [...] de um lado, as estruturas objetivas e, mais precisamente, a estrutura de distribuição de capital e dos mecanismos que tendem a assegurar a reprodução; de outro lado, as disposições à reprodução. É nessa relação entre esses dois princípios que se definem os diferentes modos de reprodução e em particular as estratégias de reprodução que a caracterizam (BOURDIEU, 1994, p. 3).

A partir dessa perspectiva, o autor sugere um quadro das grandes classes de "estratégias de reprodução": estratégias de investimento biológico, entre as quais as mais importantes são as de fecundidade e as profiláticas; as estratégias sucessórias; as estratégias de investimento econômico, articuladas com as de investimento social e matrimoniais; as estratégias de investimento simbólico e, por fim, as estratégias educativas.

As estratégias são resultantes de *habitus* determinados, construídos de acordo com as condições específicas de cada agente e seus grupos familiar e social. As estratégias de reprodução têm como objetivo garantir a manutenção ou melhoria da posição dos agentes nos campos onde são acionadas. Enquanto são praticadas em um contexto de adequação entre o *habitus* e o campo, as estratégias funcionam sem o recurso à reflexão explícita, sem depender da consciência. Desenvolve-se assim o que Bourdieu vai chamar de "razão prática", noção que expressa a capacidade do agente de adotar as estratégias conforme a lógica do campo.

O pressuposto, nessa conceituação, é que o **senso prático** – o sentido do jogo – não é universal, mas correspondente, no caso, ao campo onde as posições estão colocadas. Nesse caso, o sentido do jogo que cai bem num determinado espaço social tem muitas possibilidades de não funcionar quando acionado em outro campo onde sejam exigidas disposições distintas. Diante disso, os agentes que se veem na contingência de atuar em um campo, tendo construído seu *habitus* em outro, ou que buscam mudar sua posição no interior do próprio campo, são obrigados, muitas vezes, a romperem os limites dos *habitus* já incorporados, indo além do domínio da prática. Devem, então, dominar a prática no campo da consciência, formulando práticas deliberadas. Assim, de acordo com Accardo,

> todas as nossas práticas podem se distribuir em graus diversos entre dois polos opostos: em uma extremidade, as práticas que nos dão o sentimento de agir de maneira totalmente livre, porque elas são de fato comandadas por uma lógica que nos escapa, que é a do *habitus*; em outro extremo, as práticas conscientes e expressamente regradas, codificadas por regras gramaticais, técnicas morais, jurídicas etc. De um lado, as práticas que vêm de si, tão evidentes que não se tem necessidade de explicá-las ou justificá-las. De outro, as práticas que somente a razão e a regra podem impor (1991, p. 133).

A necessidade de superar os limites das disposições incorporadas implica desenvolver, às vezes, novos interesses. No caso dos setores menos providos dos diferentes capitais, a conquista de novas posições no espaço social demanda um investimento a longo prazo na acumulação de alguma espécie de capital, do qual o mais disponível, nas grandes sociedades urbanas atuais, é o capital cultural oferecido pela escola. Esse tipo de estratégia, cabe assinalar, só pode ser encaminhada por agentes ou grupos que tenham uma perspectiva de futuro. Afinal,

> aqueles que não têm, como se costuma dizer, futuro, têm poucas possibilidades para formar o projeto, individual, de criar seu futuro ou para trabalhar no futuro coletivo (BOURDIEU, 1979, p. 8).

O movimento de conservação/mudança das estratégias só pode ser compreendido, portanto, numa dimensão temporal: as estratégias concretizam-se como sínteses das experiências já assimiladas, estruturantes das que virão. Além disso, elas são desenvolvidas em um espaço multidimensional, construído pelas relações nele estabelecidas. Nessa lógica, os agentes e as instituições são definidos pelas posições relativas que ocupam neste espaço. Não são, portanto, entidades metafísicas – congeladas no tempo e no espaço –, mas forças sociais que se constituem a partir das suas situações. A correlação de forças entre os diferentes agentes e grupos nos campos específicos define-se a partir do volume global e da composição das diferentes espécies de capital com as quais pode contar.

Na busca de se manterem no jogo, preservando ou melhorando suas posições, os agentes acionam diferentes estratégias, de acordo com as características que vão sendo estabelecidas historicamente em cada campo. Nesse universo, as posições dos agentes – e seu grau de proximidade com as de outros membros do campo social em que atuam – irão fundamentar, em condições normais, a sensação de **pertencimento** a um determinado grupo ou classe social. Assim,

> somente por referência ao espaço do jogo que as define e que elas visam a manter ou a redefinir, enquanto tal, mais ou menos completamente, que se pode compreender as estratégias individuais ou coletivas, espontâneas ou organizadas, que visam a conservar, ou a transformar para conservar (BOURDIEU, 1979a, p. 176).

As proposições formuladas por Pierre Bourdieu em suas investigações remetem, quando se busca mapear as práticas sociais dos moradores de espaços populares, às formas de constituição da **identidade social** e do sentimento de **pertencimento**. De acordo com Oliveira,

> a identidade é construída em duas dimensões: a pessoal (ou individual) e a social (ou coletiva). Antropólogos e sociólogos têm procurado mostrar como as duas dimensões estão interligadas [...] já que é um mesmo fenômeno, situado em diferentes níveis de realização (1976, p. 4).

A identidade emerge, portanto, da dialética entre sociedade e indivíduo, como nos revela Berger e Luckman (1993). Goffman (1992), por seu turno, vai entender a constituição da identidade pessoal e social a partir, em primeiro lugar, dos interesses e definições de outras pessoas em relação ao indivíduo cuja identidade está em questão. Em que pese a ênfase subjetivista presente nessas obras clássicas, é significativa a compreensão da identidade a partir de dois conceitos basilares: as ideias de "construção" e "relação".

Os elementos fundamentais da proposição de identidade social de Néstor Canclini sustentam-se, justamente, nessas proposições. Seu ponto de partida é a crítica ao que denomina "concepções ontológico-fundamentalistas das identidades" (1995, p. 224). Nessa visão, haveria uma crença a-histórica e transcendental nas identidades, fossem nacionais ou populares. Sendo assim, a identidade é marcada por uma essencialidade imanente a ser defendida dos ataques dos seus possíveis adversários – sejam outros grupos sociais, as multinacionais, a globalização etc. Não há espaço para a negociação, pois as identidades estão prontas, delimitadas. As diferenças são acentuadas e transformadas em elementos divisores, ignorando-se as possíveis circularidades das relações sociais. Não se reconhece, assim, a possibilidade de constituições de uma identidade híbrida, "foco de um repertório fragmentado de mini-papéis" (CANCLINI, 1995, p. 39).

Canclini defende que, diante do impacto da globalização, da transnacionalização e do multiculturalismo, deve complementar-se a clássica definição socioespacial de identidade, referente a um território particular, com uma definição sociocomunicacional (1995, p. 35). Isso é necessário diante da "constituição de formas heterogêneas de pertencimento, cujas redes se entrelaçam com as do consumo" (CANCLINI, 1995, p. 35).

As identidades, nos diz Canclini, configuram-se no consumo, dependem daquilo que se possui, ou daquilo que se pode chegar a consumir. Ele não reduz o consumo à simples aquisição e utilização imediata de bens determinados, mas o analisa a partir "do conjunto de processos socioculturais em que se realizam a apropriação e os usos dos produtos" (1995, p. 53). As noções de "distinção" e de "valor simbólico", utilizadas por Bourdieu, fundamentam de forma abrangente suas proposições. Isso porque o sociólogo francês considera que "a identidade social se define e se afirma na diferença" (1979, p. 191), visto que "todas as propriedades de distinção só existem na e pela relação, na e pela diferença" (1979, p. 250).

Grimberg já expressara uma definição da identidade em termos próximos, ao afirmar que "um dos elementos importantes para a consolidação do sentimento de identidade é o jogo dialético entre a semelhança e a diferença" (1971, p. 168 apud OLIVEIRA, 1976, p. 17).

As proposições apresentadas sustentam uma determinada forma de identificar, classificar e interpretar as práticas sociais afirmadas nos espaços favelados. Elas fornecem alguns instrumentos para se ir além das representações estereotipadas que caracterizam os discursos hegemônicos a respeito dos espaços populares. Seu fundamento é o reconhecimento da heterogeneidade dessas localidades, o que gera a construção de identidades territoriais específicas, a capacidade de seus agentes atuarem em seu espaço particular e, mesmo que de forma tópica, instituir novas territorialidades. Por último, mas não menos importante, essas suposições também reconhecem que as favelas não cercam a cidade, nem mesmo estão nela, mas são, sim, seus elementos constituintes: a cidade não seria o que é sem as favelas. Por fim, como é sabido, nem a cidade nem os espaços populares estão cristalizados, pois são produções históricas. Neles, desenvolve-se um conjunto de práticas orientadas pelas mais diversas referências e projetos e que refletem disputas materiais e simbólicas na luta pela construção da hegemonia social.

REFERÊNCIAS BIBLIOGRÁFICAS

ACCARDO, Alain; CORCUFF, Philippe. *La sociologie de Bourdieu*. Bourdeaux: Le Mascaret, 1986.

ACCARDO, Alain. *Initiation à la sociologie: une lecture de Bourdieu*. Bourdeaux: Le Mascaret, 1991.

BERGER, Peter; LUCKMAM, Thomas. *A construção social da realidade*. Rio de Janeiro: Vozes, 1993.

BOURDIEU, Pierre. *O desencantamento do mundo*. São Paulo: Perspectiva, 1979.

_____. *La distinction: critique sociale du jugement*. Paris: Minuit, 1979a.

_____. *Poder simbólico*. Lisboa: Difel, 1989.

_____. *Coisas ditas*. São Paulo: Brasiliense, 1990.

_____. Stratégies de reproduction et modes de domination. *Actes de la Recherche en Sciences Sociales*, Stratégies de reproduction et transmission des pouvoirs, v. 105, p. 3-12, dez. 1994. Disponível em: <http://www.persee.fr/web/revues/home/prescript/article/arss_0335-5322_1994_num_105_1_3118>.

BRASIL. IBGE. *Censo Demográfico*, 2000. Disponível em: <www.ibge.gov.br>.

CANCLINI, Néstor. *Consumidores e cidadãos*. Rio de Janeiro: Ed. UFRJ, 1995.

DEPARTAMENTO DE GEOGRAFIA E ESTATÍSTICA DA PREFEITURA DO DISTRITO FEDERAL. *Censo 1950*.

GOFFMAN, Erving. *A representação do eu na vida cotidiana*. Rio de Janeiro: Vozes, 1992.

OLIVEIRA, Roberto C. *Identidade, etnia e estrutura social*. São Paulo: Pioneira, 1976.

PARISSE, Luciano. *Favelas do Rio de Janeiro: evolução, sentido*. Rio de Janeiro: Cadernos do CENPHA, n. 5,1969.

Plano Diretor Decenal da Cidade do Rio de Janeiro, 1992, arts. 147, 42.

VALLADARES, Lícia do Prado. Passa-se uma casa. Rio de Janeiro: Zahar, 1980.

Marcus Vinícius Faustini

A peleja da invenção do imaginário

Na peleja da imagem e do som como dispositivos de ações culturais e representações estéticas no Brasil, num breve voo panorâmico, podemos afirmar que a imagem e seus meios de produção foram organizados pelas classes mais abastadas. Couberam às camadas mais populares 'as artes do som'. Para ilustrar melhor, tendo como recorte o Rio de Janeiro, podemos dizer que, enquanto a Corte fazia autorretratos encomendados, a oralidade, o samba, o *funk* e até mesmo a buzina da kombi que fala o trajeto tiveram seu ambiente de experimentação nos territórios e sujeitos populares.

Cabe lembrar que esse arranjo não é fruto de vocação genética, histórica ou cultural. O acesso restrito aos meios de expressão e seus repertórios foram caracterizando essa distinção entre linguagens e agentes. Assim, as artes da imagem foram também se legitimando como as mais relevantes produtoras de uma sensibilidade do conhecimento, e as do som, como uma sensibilidade da convivência.

Publicado originalmente no site Observatório Notícias & Análises (www.noticiaseanalises.com.br).

Por muitas vezes, nos ambientes de discussão cultural, as artes do som dessas camadas populares foram classificadas de instintivas, aleatórias, apenas típicas de um ambiente ou época e nunca como capazes de organizar uma visão de mundo. Por outro lado, com as artes da imagem, as resenhas nos cadernos culturais foram sempre elogiosas, relacionando-as à capacidade de síntese e expressão dos sentidos.

Como consequência, o ambiente de produção de imagem e seus agentes das camadas médias urbanas começaram a tratar o ambiente popular como tema e objeto. Um universo, principalmente o dramatúrgico, foi estabelecendo-se como natural, em que o personagem de origem popular sempre era desprovido de subjetividade e carregado de mensagem moralizadora na luta pela sobrevivência. Nunca a memória foi seu campo de ação no tempo e no espaço. Ao contrário de personagens de classe média, que mergulhavam em reminiscências, ele estava apenas submetido a uma ação previsível e reta, nunca desejante de sentido – aspecto central da contribuição do cinema à ideia de indivíduo.

Assim, nesse teatro de personagens, construído às vezes até como fetiche, o pobre foi o homem agrário, tosco – ele e a terra eram quase a mesma coisa. Foi o homem puro, que se perde na cidade grande. Foi o bandido, o marginal, o roto, o esperto etc.

Por outro lado, o território popular sempre apareceu como um lugar de carência, a ser superado, ou como o espaço da pureza ingênua e por vezes exótica. As direções de arte organizavam os objetos, roupas e tudo no entorno dos olhos do espectador como reiteração de um senso comum que foi se estabelecendo sobre o cotidiano da vida no ambiente popular.

O melodrama serviu como ponte de estudos acadêmicos e de mercado que aproximariam esse modo de pensar os pobres brasileiros do conhecimento de outras camadas médias urbanas do mundo. Sobretudo, a ideia que perpassou essas invenções das imagens dos pobres e seus territórios foi a do extraordinário. Tudo que vem desse campo é visto como fora de uma normalidade. Uma distinção que perdura na construção da ideia do outro pelas elites, desde a primeira visão dos índios.

Esse 'outro', que não seria capaz de criar uma relação cognitiva de significação com a vida ordinária, estabelece no extraordinário sua narrativa com a vida. 'É um povo que sempre canta e dança, que sempre está em festa'. Não à toa, as festas populares sempre foram objetos de análises do audiovisual brasileiro.

Sabemos que diversas interações entre atores sociais diferentes foram feitas nesse processo histórico de produção das imagens do popular. Elas permitiram mobilidades e alargamento de repertórios e representações na vida cultural e política do país. Porém, um traço jesuítico, quase catequizador, sempre marcou a relação até mesmo dos mais esclarecidos.

As últimas duas décadas, entretanto, trouxeram novidades que certamente serão estudadas com mais rigor do que o permitido pelo atual momento de disputa política. A primeira (nos anos 1990) foi a reoxigenação da sociedade civil com o aparecimento de grupos culturais de origem popular que não queriam mais ser representados e, sim, apresentados. A mais recente (nos anos 2000) foram as políticas públicas de acesso a meios expressivos, através das quais grupos, projetos e diversos atores sociais começaram a embaralhar as visões do popular.

Uma agenda ainda tímida, mas determinada, de difusão dos meios de criação audiovisual, combinada com as novas tecnologias, traz um campo inédito de invenção do imaginário. É nesse contexto que o filme "5x Favela – Agora por nós mesmos" se inscreve, atravessado por diversas questões que renovam nosso modo de olhar. Sobre ele, três pequenas questões projetam-se de imediato:

1. A intimidade no modo de filmar o território traz a possibilidade do espaço ser pensado para além de um tema dramatúrgico ou ambientação cenográfica. O território torna-se suporte para fluxos de entradas e saídas de personagens que promovem uma repetição na relação do espectador com o espaço. Assim, ele deixa o usual lugar de ambientação para histórias de superação e se revela contemporâneo em suas curvas, espaços abertos, pontes, eletrodomésticos, e não mais apenas em vielas sufocantes filmadas por câmeras nervosas, como era até então.

2. Uma oralidade singular embala diálogos que consagram a tipologia dos personagens do campo popular urbano e aponta para um revigoramento do melodrama. As frases lacrimosas, primas da filmografia popular do século passado, são substituídas por contundentes conversas que atualizam conflitos geracionais e podem ser uma chave interessante para um público das salas populares. A oralidade como base dramatúrgica de nossa '*faveliwood*'.

3. A realização do projeto "5x Favela" demonstra como uma ação social pode ser estética, *pop*, afetiva e modelo de produção. O cinema brasileiro precisa de projetos como esse para disputar com a fábula de que apenas aqueles apoiados numa lógica de mercado são viáveis. Ainda assim, em alguns momentos do filme, o uso dos recursos de produção, com todo aparato e paramentos, parece ter intimidado algumas invenções narrativas.

Dentro dessas três questões, um sentido costura a operação dos diretores dos filmes: é um cinema desejante em operar a vida como linguagem, organizando imagens de uma favela apresentada e não representada, uma 'favela-linguagem'! Isso faz do filme um marco na história do cinema brasileiro. Um marco na história do cineasta Cacá Diegues, figura importante na promoção das interações estéticas e mobilidades culturais no país. Um marco também na história dos talentosos diretores dos episódios do filme que deram vigor às histórias junto com equipes de jovens que participaram do processo. Muitos deles nós já conhecemos de diversos projetos e territórios da metrópole do Rio de Janeiro. Eles já fazem a vida cultural de nossas ruas. O filme é uma bela história que também é síntese desse processo de contradições da peleja entre imagem e som na história cultural do país. Que venham mais projetos como esse.

Porém, o que pretendemos chamar a atenção, nesse breve sobrevoo sobre o assunto, é que essa favela, como linguagem, não estará mais presente apenas em projetos como esse. Nas mãos dos moleques que se filmam dançando o "passinho do menor" na frente da *lan house* e colocam o vídeo no *YouTube* é que está o desejante que pode aprofundar a democracia visual. Nem o cinema, nem as políticas públicas, nem os intelectuais estão preparados para esses moleques que fazem do corpo, da palavra e do território a imagem do Brasil. A peleja continua.

JORGE LUIZ BARBOSA

Cidade e território

Desafios da reinvenção da política do espaço público

Os territórios de nossa vida social são cada vez mais complexos e diversos, sobretudo quando vivemos em metrópoles agigantadas pela urbanização concentrada. A relação cidade/bairro/cotidiano do passado parece ser mais uma experiência nostálgica do que uma realidade ainda próxima. Nessa nova condição urbana, revelam-se identidades pluralizadas e práticas inteiramente novas de apropriação material e simbólica do espaço e do tempo. A diversidade cultural, a multiplicidade de usos urbanos e a difusão de tecnologias de comunicação rasgaram as fronteiras do cotidiano dos lugares. Longe de ser uma ameaça, as múltiplas escalas do 'viver a cidade' nos acercam de oportunidades de aprendizagem social, de descoberta de outros diferentes e da constituição de sentidos plenos para a vida. Portanto, a utopia de uma cidade mais generosa ainda pulsa e nos convida a promover outro campo político para a democracia e para a cidadania.

Para a realização plena da possibilidade de viver a cidade se faz indispensável a qualidade social e política do espaço público. Para além do Estado e do Mercado há novas dimensões para se pensar a construção de referências para a vida em sociedade. É nesse sentido que a retomada do papel da sociedade civil como instância política é necessária e inadiável.

Essa vertente de inflexão dos sujeitos da pólis significa, por certo, um caminho de transgressão positiva de formas representativas de poderes instituídos, capaz de promover novos e abrangentes conteúdos sociopolíticos. A transformação da cidadania outorgada (eleitoral, 'participativa' e de aconselhamento) em uma cidadania da vida ativa está, sem dúvida, intimamente associada à corporificação de direitos plenos. Cabe, portanto, a ruptura radical das distinções de direitos impostas em termos de classe, gênero, etnia, sexualidade, idade, dentre outros, que permeiam a violência objetiva e subjetiva das relações societárias.

A cidade, dizia Shakespeare, são as pessoas nos seus conflitos, medos, alegrias e paixões. As pessoas, para serem plenas na cidade, precisam das palavras e das ações. Aristóteles considerava o homem um ser dotado da palavra. Segundo ele, a partilha das palavras contribuía para o ser humano aceder da animalidade à civilidade, pois a *doxa* (opinião) era a expressão própria da construção do *ethos* comunitário (*koinonía*) de sujeitos autônomos e coletivos. Essa partilha, que conduzia à constituição do sujeito ético em ação, possuía um lugar próprio: a pólis. A cidade significava, por excelência, o reino da comunicação, da ação e de toda a complexidade social marcada por diferentes protagonistas. Trata-se, portanto, da enunciação de um projeto de tessitura da igualdade e da diferença do 'ser no mundo' como atributo da sociabilidade humana. É desse modo que a utopia da cidade democrática se torna parceira das perspectivas generosas de humanidade.

Território como condição da democracia

A esfera pública seria, ainda segundo Aristóteles, o espaço da visibilidade de si e do outro, ou seja, do domínio da alteridade como campo da política. Todavia, só seria passível de existência tangível com a corporificação da palavra e da ação no exercício de direitos à liberdade. Nessa senda, a concepção de cidadania ganha elementos emancipatórios fundamentais, como prática de direitos, dentre eles, o retorno ao território como esfera pública da política.

O retorno ao território é o fundamento da prática política, uma vez que o cotidiano de todos os sujeitos, de todas as ações e todas as intenções humanas possui a sua integralidade em espaços/tempos demarcados. No território, é possível reconhecer o sentido dos interesses coletivos, promover pertencimentos e mobilizar forças plurais de mudança. É no território que nos fazemos sujeitos da política e portadores de projetos de sociedade. O território significa, portanto, uma marca e uma matriz daquilo que verdadeiramente somos e do que queremos para as novas gerações de cidadãos. Sendo assim, há uma dimensão fundamental entre a prática cidadã e o uso do território como condição da democracia, pois estamos diante da exterioridade/proximidade dos nossos atos societários.

A explicitação da presença das intencionalidades e ações no território nos permite a construção mais segura da diferença do 'ser no mundo': estilo estético que nos permite adentrar a cena pública com autonomia, individualidade e autenticidade.

Isso não significa, entretanto, a negação das construções universais em favor de identidades fixas e interesses particularizados, mas sim a pluralização dos universais nas suas condições concretas de existência. Para além de uma categoria analítica de fenômenos sociais, o território é uma dimensão política do 'ser no mundo'. Daí sua importância, acreditamos, para a palavra e para a ação.

Periferia como centro

Assim como a cidadania depende da qualidade do espaço público para sua efetivação plena, o território depende da política para seu uso pleno em termos de sociabilidades inovadoras. Cabe, portanto, considerar quem são os atores mobilizados na cena contemporânea das lutas sociais e quais são os projetos verdadeiramente em disputa na agenda política da cidade. Palavra e ação no território da vida social em conjunto.

Indagar como se inaugura um novo campo de posições e disposições políticas não significa exercício retórico de vanguardistas: é apreender o movimento em seu estado prático, sob forma conceitual e política, considerar que os atos emancipatórios que galvanizam as lutas por uma sociedade mais generosa se inscrevem no chão de nossas existências.

Essa linha argumentativa nos permite reconhecer as favelas e periferias como novas centralidades da política. Ou seja, como territórios de refundação da esfera pública da cidade. Isso significa fazer do que se considera o avesso das promessas civilizatórias da urbanização uma possibilidade de recomeço da cidade como pólis. Como referências múltiplas e concretas do viver na metrópole, as favelas e as periferias reclamam a fundação de outro campo para a democracia e para a cidadania.

As favelas e periferias urbanas são expressões contundentes do 'estar sendo' das desigualdades que marcam a sociedade brasileira, em especial nas grandes e médias cidades do país. É nesse plano que as favelas precisam ser destacadas, pois são territórios que colocam em questão o sentido da reprodução espacial da sociedade em que vivemos.

Estamos diante de um desafio político posto em nossas cidades: criar um conjunto de proposições e práticas de transformação da sociedade que leve em conta as favelas como territórios de sua reconstrução cidadã e republicana. Integrar definitivamente as favelas na agenda de superação de contradições, conflitos e tensões presentes no espaço urbano é, sem dúvida, contribuir com um amplo movimento de consolidação da democracia entre nós.

Quando tratamos da elaboração de uma agenda de superação das desigualdades sociais, precisamos identificar os atores de sua criação e efetivação. Essa posição nos conduz a reconhecer que as comunidades populares devem assumir um papel principal de formulação de propostas – e não de coadjuvantes ou de meros objetos de ações. Assim, reafirma-se o exercício da cidadania coletiva e individual, tanto nos aspectos que dizem respeito aos direitos, como também em termos de responsabilidades e compromissos de todos com o futuro da cidade.

Todavia, a agenda reclamada só será constituída na presença de protagonistas mobilizados como força de mudança do uso do território. Passa, portanto, pela luta de extensão dos direitos às favelas e periferias e, sobretudo, pela construção efetiva de espaços de proposição política e da afirmação cidadã no território da vida.

As diferentes organizações da sociedade civil terão um papel fundamental no processo político em destaque, principalmente as que atuam em espaços populares. No entanto, a sua relevância sociopolítica será na exata medida da superação das ações fragmentadas, do individualismo pseudo-heroico, do voluntarismo e dos resquícios assistencialistas que ainda as permeiam. É preciso, no final das contas, estarmos à altura dos desafios postos em termos teóricos e práticos do recomeço da pólis.

Marcus Vinícius Faustini

Passinho do menor

Os moleques da favela operando o mundo

Para apreendermos, numa breve conexão, a presença de potências na cultura brasileira, é preciso inventar novas entradas de análise para esse campo, considerando o ambiente de práticas da cultura digital como vital nessas questões. Ofereço nesse pequeno panorama uma porta de entrada, usando um dos faróis de nossa cultura: as favelas cariocas.

Nos estudos culturais e representações estéticas sobre favelas, frequentemente elas são vistas da perspectiva de: "o outro do mundo, aquilo que não faz parte da cidade, aquele lugar carente, mas de pureza fundante da civilização, com uma combinação explosiva de caos e alegria". Ou até mesmo como um lugar que não se relaciona com os melhores atravessamentos do mundo contemporâneo, que é folclórico e ao qual devemos levar processos civilizatórios.

Publicado originalmente na revista Select, nº 5.

Apesar desse núcleo duro de pensamento ter virado senso comum até mesmo nas rodas de bar médias mais esclarecidas, restando poucos desbravadores complexos que procuram pensar a cidade a partir do encontro das diferenças, um delicado atravessamento vem inventando um novo lugar que pode embaralhar as visões. A potente conexão entre território, jovens e cultura digital em algumas favelas cariocas traz um vento que abre brechas e forja novos movimentos do pensamento, expressão e possibilidades de existência.

Num primeiro momento, as *lan houses* com seus *games* e possibilidade de acesso ao *Orkut* dispararam capacidades expressivas desses jovens em avatares e leituras visuais com montagens de fotos. Entretanto, a intimidade desses sujeitos com as máquinas expressivas da cultura digital vai além e tem produzido potência estética em diversas operações de espaço/tempo que eram vistas apenas como identidades de um modo fixo de viver.

Um bom exemplo disso é o "passinho do menor", para o que chamamos a atenção desde 2010: os jovens filmam suas danças na rua, corredores, quintais, na frente das *lan houses* e colocam os vídeos no *YouTube*, onde recebem acessos expressivos. Misturando desde frevo com *funk*, os pequenos vídeos desorganizam a ideia de centro do discurso imagético. Ali, ao mesmo tempo, podemos dizer que temos intervenção no território, vídeo, dança e diversas outras categorias que asseguram contemporaneidade diante dos arautos da distinção. A potência dessa expressão vem aproximando esses jovens performáticos de artistas contemporâneos, de agitadores culturais e também da indústria do entretenimento, que percebe na "Batalha do Passinho" (rodas de disputas de danças realizadas pelos jovens na cidade) uma possibilidade de modulação dessa invenção como produto.

A notícia boa é que, mesmo lentamente, essas e outras novidades operadas pela juventude das favelas estão tirando-a do lugar clássico de eterno aprendiz das artes e ofícios, defendido ainda por algumas cabeças preguiçosas. Eles, apesar de serem considerados atores sociais inorgânicos, vêm mostrando possibilidades de intensidade e expansão da cultura nessa relação com a cultura digital.

É a linguagem interferindo na vida e no território. Talvez, aqui resida a potência que o poder público deva perceber para criar políticas públicas concretas e os estudos culturais para colocarem sua atenção, não apenas como fenômenos sociais, mas também como estética. Além de romper com a dramaturgia destinada aos sujeitos de favela, vão além dos arlequins, malandros, malazartes e outros tipos do panteão melodramático.

A delicada operação apresentada traz frescor de subjetividade por envolver importantes campos de atualização da cultura brasileira, sobretudo para pensarmos a diferença como elemento articulador. Não esperemos desses jovens uma incorporação naquilo que conhecemos como diversidade cultural, que já é capturada pelo atento capitalismo.

A invenção aqui é pela diferença. O figurino é a máquina costurada no corpo. Um novo sujeito que opera o mundo de maneira expressiva aparece. Cabe saber que somos o José de Alencar da parada. Machado de Assis está chegando. Despeço-me por aqui. Apesar de ser um breve panorama, como diz o *rap*: "não é garapa, é ideia rápida, mas soma"!

Jailson de Souza e Silva

Novos paradigmas para ver a favela

Considerações sobre o artigo *"Ten ways to see a* favela*: notes on the political economy of the new city"*, de Gary A. Dymski

O artigo de Gary Dymski que descreve e analisa dez maneiras possíveis de 'ver' a favela é profundamente estimulante. O fato do autor ser um pesquisador rigoroso, comprometido eticamente com seu tema, além de engajado na criação de uma rede coletiva de construção de novas interpretações do fenômeno da favelização e suas consequências, o credenciam ainda mais para ser o autor de referência em uma publicação do Programa de Pós-Graduação em Economia da Universidade Federal Fluminense (UFF).

Dymski tem razão quando afirma *"that understanding the economic structure and dynamics of* favelas *is crucial in shaping public policies that reduce poverty and generate higher levels of human"* (2011, p.7).

Curioso, e constrangedor em grande medida, é o fato da afirmação ter ainda tão pouco eco na produção acadêmica brasileira, inclusive no Rio de Janeiro, território no qual as favelas ocupam um importante espaço geográfico, econômico, social e, não menos importante, simbólico.

O debate ganha ainda maior relevância porque vivemos uma conjuntura histórica que finalmente visibilizou para amplos setores sociais, econômicos e políticos a força plural dos grupos sociais populares (que incluem os moradores das favelas), tradicionalmente classificados como classes C, D e E (sic) ou, de forma genérica, como a base da pirâmide. Desse modo, entender as características socioculturais dessa população, suas práticas e suas representações sociais passou a fazer parte da agenda em variados campos do mundo social, tanto os interessados na mera formação de novos consumidores, como os comprometidos com o exercício da cidadania plena pelo conjunto da população brasileira.

As formas de apreender as favelas e seus moradores elencadas por Gary Dymski se sustentam, basicamente, em dois grandes paradigmas. O primeiro é o do **consenso**. Nele, a favela é vista, em grande medida, como um território disfuncional em um 'mundocidade' ordenado de acordo com regras universais, hierárquicas e externas aos sujeitos e aos grupos sociais. Nesse caso, ela e seus moradores serão vistos como a expressão de práticas que negam as possibilidades de uma pólis ordenada. O tema da ordem tem um grande peso político e simbólico no Rio de Janeiro: os moradores de favela são considerados ilegais, potencialmente criminosos, parasitas sociais, incivilizados, excluídos sociais e econômicos, subcidadãos etc.

No outro extremo, temos perspectivas sustentadas no chamado **paradigma do conflito**. Nesse caso, leva-se em conta a capacidade dos moradores das favelas constituírem um habitar específico na pólis, paralelo aos interesses prioritários do Estado e do Mercado, historicamente. Reconhece-se a produção cultural inovadora e territorializada, valoriza-se a busca de soluções criativas, coletivas e solidárias em um mundo social dominado por uma lógica centrada no individualismo e no poder do Mercado de regular as relações sociais, percebe-se o poder do território favelado em transmutar a cidade em espaço de vida e não apenas em territórios de circulação de capital e do poder hierárquico.

O que se evidencia, então, nas interpretações do fenômeno da favelização reunidas pelo professor da Universidade da Califórnia é que não há possibilidade de se ficar neutro diante da sua análise e de seus moradores. Há sempre pressupostos fundamentais que sustentam as leituras a respeito do valor concedido aos elementos que amparam uma determinada ordem social: propriedade, direito à cidade, hierarquias sociais e de poder, o papel do consumo – em particular, de bens distintivos –, o papel do Mercado, do Estado, das organizações da sociedade civil na regulação da vida social, o espaço do público e do privado, dentre outros.

A existência de pressupostos e de modelos paradigmáticos que norteiam os olhares sobre as favelas não implica, por sua vez, uma visão monolítica e/ou maniqueísta sobre os territórios populares. A construção da utopia de uma cidade democrática, com o devido respeito e legitimação das diferenças e a devida igualdade no plano da dignidade humana, pode ser afirmada de acordo com a ênfase em aspectos distintos, sejam eles culturais, éticos, políticos, econômicos e/ou ambientais. Nesse caso, de acordo com a defesa de princípios específicos, serão diferentes as intervenções sociais, as alianças, as interpretações dos desafios fundamentais da conjuntura e as ações necessárias.

Do ponto de vista no qual me coloco ou do campo sociopolítico ao qual me sinto pertencente, tenho uma natural identidade com a percepção de que o mundo social é dominado pelo conflito, elemento inerente às relações sociais em um mundo de sujeitos e grupos diferentes. Nesse caso, cabe às forças políticas criarem as condições para que esses conflitos inevitáveis não se tornem violências ou instrumentos reprodutores de desigualdades. As definições políticas que se tornarão hegemônicas serão correspondentes também ao peso conquistado pelos pontos de vista a respeito de determinado tema. Logo, considerando que o simbólico é constituinte do real, tornar hegemônicas as percepções e concepções que favorecem a inserção plena das favelas e de seus moradores na pólis é central para que políticas públicas globais, sistemáticas e de longo prazo sejam dirigidas ao atendimento de suas demandas.

Nessa perspectiva, no Observatório de Favelas, temos trabalhado há anos na busca por construir conceitos, dados e argumentos que permitam a devida compreensão dos territórios favelados de acordo com outras referências que não as hegemônicas. Trata-se, então, em primeiro lugar de desconstruir os pressupostos de "ausência, carência e precariedade" que norteiam os olhares tradicionais sobre esses territórios e seus moradores. A favela, sempre vista no singular, é definida neles, apenas pelo que **não teria**: um lugar sem infraestrutura urbana – sem água, luz, esgoto, coleta de lixo; sem arruamento; globalmente miserável; sem ordem; sem lei; sem regras; sem moral, enfim, a imagem do caos.

Outro enfrentamento concerne à visão homogeneizadora. Localizadas em terrenos elevados ou planos, reunindo centenas, milhares ou dezenas de milhares de moradores, com diferentes equipamentos, serviços e mobiliários urbanos, sendo constituída por casas e/ou apartamentos, com diferentes níveis de violência e presença do poder público, além das variadas características ambientais, as favelas constituem-se como territórios com paisagens razoavelmente diversificadas. Essa pluralidade é absolutamente ignorada – não só pelo senso comum.

De forma especial, chama a atenção a definição de 'favelas' e 'territórios similares' dada pelo Instituto Brasileiro de Geografia e Estatística (IBGE): "aglomerados subnormais". Assim como o uso de "assentamento precário" pelo Ministério das Cidades e a denominação "comunidades carentes" dada pela grande mídia carioca, dentre outras. O sentido dado pelo IBGE é também sintomático da lógica que denominamos **sociocêntrica** – uma vez que é afirmada e difundida pelos grupos dominantes da sociedade e através dos equipamentos de difusão por eles controlados.

Nesse caso, o *Webster's Dictionary* defini-las como "*a settlement of jerry-built shacks lying on the outside of a Brazilian city*", conforme cita Dymski, é perfeitamente consonante com os discursos tradicionais brasileiros, tão equivocados quanto. Parte igualmente do mesmo pressuposto dos discursos pretensamente generosos, mas apenas paternalistas, que afirmam a relação direta entre criminalidade e pobreza ("O sujeito rouba porque é pobre"). Utilizado por muitas pessoas e grupos que denunciam as injustiças sociais, o juízo parte de uma irracionalidade: considerando que moram nas favelas quase um milhão e meio de pessoas, imagine-se o que seria a vida possível no Rio de Janeiro se a pobreza fosse, de fato, o fator para explicar a criminalidade.

As favelas são espaços com múltiplas demandas, obviamente, como outros territórios da cidade. Todavia, as explicações centradas nas carências, irregularidades, ausência de equipamentos e serviços urbanos deixam de lado, em primeiro lugar, as inúmeras positividades, inovações e paisagens de favelas existentes. Em segundo lugar, revelam a representação daqueles territórios plurais como um fenômeno isolado na/da cidade, e não como parte inerente ao processo de desenvolvimento histórico das metrópoles brasileiras.

Com efeito, as percepções baseadas nas pretensas ausências ignoram os aspectos relacionais dos territórios populares e o conjunto da cidade. As **circularidades socioterritoriais** envolvem as práticas dos moradores, a consonância entre os seus valores e os de moradores de outros espaços da cidade, as formas de relacionamentos econômicos, culturais, educacionais, afetivos etc.

Os pressupostos em relação às favelas, na verdade, não se colocam apenas em relação a esses territórios específicos. Eles são, no caso, a tradução singular de uma forma de apreensão polarizada, centrada na ideia estruturalista de superioridade/subalternidade ou centro/periferia, que caracteriza múltiplos olhares dirigidos aos grupos sociais populares em todas as suas práticas sociais e econômicas – inclusive por pesquisadores comprometidos com os interesses da maioria da população. Um exemplo, um tanto digressivo, mas importante para os argumentos que levanto, diz respeito ao trabalho 'informal', adjetivo também usado para caracterizar as favelas.

O uso da expressão **trabalho informal** tem suas origens nos estudos realizados pela Organização Internacional do Trabalho (OIT) no âmbito do Programa Mundial de Emprego de 1972. Ele parte da constatação da existência, em particular nos países economicamente periféricos, de um grande contingente de trabalhadores vivendo de atividades econômicas consideradas à margem da lei e desprovidas de qualquer proteção ou regulação pública.

O trabalho informal também se inscreve, para a Organização, no campo da ausência de relações contratuais – regidas por legislação trabalhista e fiscal – entre os agentes econômicos. Logo, a OIT não se limita à observação de atributos intrínsecos à empresa ou ao empreendimento. Desse modo, o trabalho informal é interpretado no âmbito de relações sociais em que vigoram os baixos salários, as longas jornadas de trabalho e, sobretudo, a completa falta de direitos sociais por parte dos trabalhadores.

Para alguns analistas, dentre eles Singer e Pochmam (1996), o trabalho informal é um fenômeno estrutural no modo de produção capitalista. Eles, reportando-se aos estudos de Marx, identificam essa forma de trabalho nas premissas da população relativamente excedente às necessidades do capital, especialmente em termos da reprodução de um contingente estagnado da força de trabalho. Esse contingente, apesar de estar em idade e condição ativa, encontrar-se-ia disponível no mercado para a exploração desmedida do capital através do emprego máximo do tempo de trabalho com o mínimo de remuneração. Os trabalhadores informais representariam, então, a parcela ativa do exército industrial constituída pelos sem trabalho. Diante das dificuldades de conseguirem um novo emprego (ou mesmo o primeiro emprego), eles acabariam obrigados a ganhar a vida de qualquer modo. Por isso, se submeteriam a longas jornadas de trabalho e baixas remunerações em atividades geralmente irregulares e ocasionais de pequena ou nenhuma qualificação técnica. Explica-se, dessa forma, a alocação dessa população estagnada, em sua grande maioria, no pequeno comércio e nos serviços de baixa qualificação, atividades que não exigem níveis elevados de escolaridade.

Sustentadas nesse modo de olhar o fenômeno, outras expressões viriam compor o mosaico de definições do trabalho informal: "setor não organizado", "atividade não estruturada", "economia subterrânea", "desemprego disfarçado", "subemprego", "trabalho clandestino" etc. Apesar das diferenças semânticas e/ou taxonômicas, pode-se identificar uma convergência de sentido para definição do **trabalho informal**, que seria a precariedade das unidades de trabalho e das condições/relações de trabalho. A precariedade, portanto, é o registro balizador das definições do trabalho informal na perspectiva apresentada. Assim, ele passa a ser interpretado como um problema a ser solucionado, sobretudo quando se tem como modelo de comparação as formas que caracterizam a economia formalizada.

Há, todavia, os que, em uma interpretação diametralmente oposta, abordam o trabalho informal pela sua positividade. Ou seja, o trabalho informal é visto como uma expressão de resistência dos agentes econômicos face às ações regulacionistas do Estado. Desse modo, os atores envolvidos no setor informal seriam "heróis" constituintes do mercado como a instância reguladora, por excelência, da economia. Cria-se então um sujeito abstrato, secundarizando-se as limitações, competições e conflitos intrínsecos ao mundo econômico.

Nesse sentido, o setor informal é interpretado como uma solução diante da crise econômica e da excessiva intervenção governamental na economia. Abstrai-se as condições históricas de um período marcado, dentre outras variáveis, pela hegemonia das grandes corporações empresariais, pela perda de legitimidade dos órgãos de representação dos trabalhadores e pela fragilização de direitos historicamente conquistados.

Um olhar sobre o trabalho informal que escapa à lógica da precarização ou de uma liberdade mitificada do sujeito social é oferecido pelo geógrafo Milton Santos (1979). Ele identifica a existência, nos países subdesenvolvidos industrializados, de um circuito da economia alimentado por formas não convencionais do capitalismo moderno. Para Santos, esse circuito se caracterizaria pelo emprego do trabalho intensivo, pela escassez de capital, por pequenos lucros em relação ao volume de negócios e por relações diretas e pessoais entre empregados e empregadores e/ou usuários e consumidores. Santos também destaca as reduzidas relações com instituições financeiras e a quase nula presença governamental no apoio ou estímulo às atividades no que denomina de "circuito inferior" – termo que mais limita do que ajuda na apreensão de sua proposição, cabe considerar.

Numa perspectiva relacional, contudo, o circuito representaria, para o geógrafo brasileiro, um subsistema da economia urbana. Nesse caso, seu entendimento só é possível com o reconhecimento de seus múltiplos entrelaçamentos com o circuito moderno capitalista – definido como o "circuito superior". As relações entre os circuitos se galvanizam através de processos de subcontratação, terceirização e segmentação das atividades produtivas e de prestação de serviços entre as instâncias superiores e inferiores. Assim, o sistema simples de produção de bens e prestação de serviços vincula-se à divisão técnica e territorial do trabalho.

Ainda segundo Milton Santos (1979), o "circuito inferior" pode ser entendido, do ponto de vista dos interesses do "superior", como oportunidade de apropriação do trabalho desprotegido e intensivo, como forma de burlar leis e a fiscalização instituídas e, sobretudo, constituir redes produtivas e comerciais em diferentes escalas geográficas. Por outro lado, o "circuito inferior", apesar de enfrentar situações adversas seja pela concorrência e/ou pela subordinação em relação ao superior, engendra alternativas econômicas e sociais para homens e mulheres não imediatamente integrados ao movimento dos mercados de produção, consumo e financiamento dominados pelas grandes corporações empresariais.

Vislumbra-se, portanto, na formulação de Santos, a oportunidade de leitura do trabalho informal no campo dos limites e possibilidades de sujeitos sociais que não são precários nem abstratos, mas concretos nos seus atos, desejos e forças de construir alternativas para suas vidas. Ela permite uma apreensão do fenômeno da informalidade interpretada a partir da sua relação contraditória com o setor formal. Assim ocorre também em relação aos territórios favelados.

A forma na qual melhor se expressa a contraditoriedade na relação entre os territórios 'formais e informais' diz respeito ao poder de regulação da ordem social nas favelas, a soberania urbana. Embora fora do seu lugar, o termo é preciso quando analisamos a configuração territorial do Rio de Janeiro: nas favelas, com exceção em grande medida das que possuem as Unidades de Polícia Pacificadora (UPPs), o Estado não exerce o poder político e jurídico. Ele não regula as relações de propriedade, as normas para as edificações e o zoneamento urbano, não afasta da vida social e/ou responsabiliza civil e criminalmente os que não respeitam as suas leis, não garante a segurança dos cidadãos, não controla de forma autônoma a oferta dos serviços públicos e o funcionamento dos equipamentos urbanos e, de modo mais geral, não garante o direito de circulação no espaço local e entre os diversos territórios da cidade.

A inapetência estatal em exercer a soberania nos territórios populares e regular as relações nele estabelecidas do mesmo modo que nas áreas mais valorizadas da cidade fez com que essa forma de exercício do poder fosse privatizada, se tornasse um 'valor de mercado'. Nesse espaço em disputa é que passam a atuar os grupos criminosos armados.

A fala de um morador da favela da Maré sobre um chefe do tráfico de drogas demonstra a expressão prática naquela comunidade do fenômeno apontado:

> J.N. foi o 'dono' por oito anos. No seu tempo, ele não permitia que os outros bandidos circulassem com arma pela favela, não gostava de empregar crianças, os viciados [usuários de drogas] tinham um lugar determinado para fumar [maconha] e cheirar [cocaína], não podiam fazer isso em qualquer lugar. E ele nunca matou um trabalhador, só vacilão [pessoa que comete algum ato contra as normas vigentes na comunidade, tais como roubar ali "dentro", estuprar, bandido que desrespeita o morador etc.], ele também não era 'olho-grande' [ambicioso] e não invadia a área de ninguém. No tempo dele, a favela era bem mais tranquila. (Comentários de Ari, morador da favela da Maré, sobre um falecido chefe do tráfico de drogas)

Antes de J.N., a favela teve outros 'donos' e vários mais depois dele. O que o diferenciava eram alguns atributos específicos no campo da liderança pessoal, o interesse na melhoria da comunidade, o fato de exercer o poder com firmeza e equilíbrio, do ponto de vista dos moradores-trabalhadores etc. Depois dele, outros assumiram o poder de 'governar' a comunidade com características mais próximas ou mais distantes. O que eles têm em comum é o fato de serem, efetivamente, os 'soberanos' da favela e suas palavras terem a força da lei, da vida e da morte.

A fala de Ari, por sua vez, expressa integralmente os elementos que caracterizam o exercício da soberania. O termo 'dono' é usual como expressão do reconhecimento do poder de decisão dos chefes das quadrilhas e revela a clara consciência acerca do caráter autocrático desse poder e das responsabilidades que residem sobre o 'governante' em garantir a ordem local. Além disso, admite-se o mais grave, que é a falta de reconhecimento do poder do Estado naquele território específico. Pelo contrário, os próprios representantes dos órgãos locais do Estado, tais como as escolas e postos de saúde, estão subordinados à autoridade dos grupos soberanos locais.

Nesse quadro, a polícia, presença mais visível do Estado nas favelas, se tornou um elemento a mais no conflito. Ela não cumpre papel mediador ou funciona como obstáculo ao poder privatizado. Em geral, termina sendo mais um elemento de tensão no quadro de enfrentamento, desenvolvendo ações violadoras dos direitos fundamentais dos moradores das favelas e periferias e solapando ainda mais a legitimidade do Estado como ente regulador das relações sociais.

Os policiais atuam nesses territórios como forças invasoras, tratando a população local como os "civis do território inimigo". Extorsões, agressões, mortes e roubos caracterizam as ações de alguns grupos policiais, que são percebidos comumente por quem reside no território como 'piores' do que o grupo criminoso que domina o espaço local.

No caso das milícias, a análise de suas práticas é mais complexa, visto sua aliança com partidos políticos e com setores das forças de segurança. Nesse quadro, elas têm não apenas o poder armado, mas também o poder político. No processo, tem aumentado a presença de integrantes desses grupos nas instâncias políticas formais. Assim, a interferência da organização criminosa nas instituições estatais locais é profunda e o grau de autonomia dessas últimas inexiste. No caso de outras organizações, tais como as não governamentais, elas são proibidas de atuarem ou têm sua ação devidamente controlada.

Apesar desse forte viés autoritário, os milicianos têm uma grande legitimidade em amplos setores sociais e do Estado. A razão fundamental para isso é o fato de ter o combate ao tráfico de drogas como o eixo de sua estratégia de expansão e consolidação da presença territorial, assim como sua postura de aliança explícita com setores da polícia.

A legitimação da soberania desses grupos privados em territórios cada vez mais vastos do Rio de Janeiro e de outros estados brasileiros decorre, como foi dito, da sua capacidade de manter o monopólio da força e, desse modo, ordenar o cotidiano social. Além disso, a partir de seu poder, eles criam as condições objetivas para que alguns moradores se sintam liberados para não respeitarem algumas normas básicas da vida social e urbana, tais como o pagamento de taxas e impostos, o respeito aos limites de ocupação dos espaços públicos, a obediência a regras de construção normatizadas pelo Estado etc.

Muitos moradores e organizações locais deixam de lutar, por exemplo, por tarifas sociais para os serviços de água, luz e IPTU ou por uma melhor qualidade deles, abrindo mão de fortalecer os meios coletivos de resolução de conflitos. As relações entre os grupos criminosos e os moradores se sustentam de maneira direta, sem intermediação de regras para além das relações pessoais.

A situação descrita revela que o Estado, no Rio de Janeiro pelo menos, deixou de exercer em alguns casos a sua soberania em largos espaços da cidade, principalmente nas favelas. Esse fenômeno já se fazia presente desde o início do processo de constituição das favelas, se acentuou na década de 1980 e desde então tem se agravado.

A principal razão que visualizamos para a situação apresentada decorre da ausência de interesse dos grupos que historicamente controlaram a estrutura estatal em agir de forma republicana. Isso significaria reconhecer todos os cidadãos como iguais diante da lei, não tratar o bem público de uma forma privada, não transformar os órgãos do Estado em instrumentos de afirmação de interesses particulares etc. Nada disso, fato notório, aconteceu no Brasil.

Com efeito, o Estado brasileiro, marcado pela herança escravocrata e oligárquica, revelou uma profunda capacidade de se modernizar sem se tornar republicano[1]. Ao contrário, ele se constituiu como um importante instrumento para a transformação do Brasil em um dos países mais desiguais do mundo no campo econômico e social.

Concluindo, entendo que as diferentes formas de se ver as favelas são, portanto, produtos de um conjunto de representações específicas sobre a inserção dos trabalhadores e dos grupos economicamente subalternos no mundo social. Essas representações geram ações específicas das forças estatais e do mercado que terminam por reproduzir as condições de desigualdade no exercício da cidadania. Tais ações, especialmente no campo econômico e nas formas de regulação da ordem social nas favelas, terminam por gerar formas determinadas de inserção dos territórios favelados e de seus moradores na cidade.

Essa relação contraditória, complexa e política não é estática. Ela sofre os efeitos das ações dos diferentes grupos sociais e gera enfrentamentos específicos nas conjunturas históricas. Assim, estamos nesse período, no Rio de Janeiro e no Brasil, construindo novas formas de afirmar nossa democracia, os direitos à cidade e as formas de relacionamento nos espaços urbanos, em particular. Nesses embates, as favelas são territórios materiais e simbólicos de disputa em um permanente realizar-se, no qual sempre são possíveis novas visões e práticas de intervenção.

---

1 Esse processo de "modernização conservadora" do Brasil foi interpretado por diferentes pensadores brasileiros, tais como Nelson Werneck Sodré e Carlos Nelson Coutinho (2003) a partir dos conceitos de "revolução passiva" de Antonio Gramsci e de "via prussiana" de I. V. Lênin. Jessé Souza (2000; 2002), por sua vez, realiza uma interpretação original da constituição e difusão desse processo de modernização autoritária no conjunto da sociedade em seus trabalhos recentes. Ele trabalha para isso com autores como M. Weber, C. Taylor e P. Bourdieu.

REFERÊNCIAS BIBLIOGRÁFICAS

DYMSKI, Gary A. Ten ways to see a favela: notes on the political economy of the new city. *Revista Econômica*, v. 13, Rio de Janeiro, jun. 2011.

SINGER, Paul; POCHMANN, Márcio. *Mapa do trabalho informal*. São Paulo: Fundação Perseu Abramo, 1996. (Coleção Brasil Urgente)

SANTOS, Milton. *Espaço e sociedade*. Petrópolis: Vozes, 1979.

Jorge Luiz Barbosa

Da habitação como direito ao 'direito à morada'

Um debate propositivo sobre a regularização fundiária das favelas da cidade do Rio de Janeiro

Introdução

O presente artigo deve ser compreendido como uma retomada do debate sobre um tema polêmico: a regularização fundiária urbana. Esse tema é provocativo nas condições históricas de apropriação e ocupação do solo em nossas cidades, especialmente marcadas por conflitos territoriais entre diferentes agentes e sujeitos sociais.

A cidade do Rio de Janeiro pode ser considerada uma das configurações urbanas mais profundamente demarcadas pela ocupação desigual do espaço socialmente construído, recebendo inclusive o apodo de 'cidade partida' como testemunho eloquente de seus conflitos.

O presente artigo é parte da pesquisa "Crescimento e expansão de espaços populares no Rio de Janeiro: desigualdade, distinção e cidadania na (re)definição da urbanização do território fluminense", que conta com o apoio do CNPq.

A imagem 'cidade partida', ao ganhar celebridade nos meios de comunicação de massa, passou a designar, apesar de sua imprecisão, uma atualização da antinomia 'asfalto' *versus* 'favela', que por tanto tempo consagrou a leitura dual da cidade do Rio de Janeiro[1]. Ou seja, estamos diante da reiteração de imagens imprecisas, porém advindas de questões sociais gravadas no espaço urbano e, dentre elas, destacamos a regularização fundiária de favelas.

Nossa intenção maior é, entretanto, convocar o debate acerca da dimensão atualizada da questão fundiária para as comunidades populares da cidade do Rio de Janeiro, notadamente diante da expansão das Unidades de Polícia Pacificadora (UPPs)[2] e das intervenções urbanas vinculadas à realização de megaeventos esportivos (Copa do Mundo de Futebol e Jogos Olímpicos) previstos para a cidade em 2014 e 2016[3].

As UPPs conformam a atual política de segurança do governo estadual voltada para o combate ao narcotráfico em favelas cariocas, sobre-

---

1 Segundo Raffestin, "qualquer projeto no espaço que é expresso por uma representação revela a imagem desejada de um território, de um local de relações" (1993). Portanto, a disputa de imagens para definir a cidade se revela como uma disputa de poder para fazer a cidade.

2 A Unidade de Polícia Pacificadora (UPP) é uma unidade de policiamento cujo eixo central é retomar territórios urbanos ocupados por traficantes e por milicianos. As UPPs estão presentes nos seguintes locais: Chapéu Mangueira e Babilônia (Zona Sul); Morro Santa Marta (Botafogo, Zona Sul); Tabajaras e Cabritos (Copacabana, Zona Sul); Rocinha (São Conrado, Zona Sul); Vidigal (Ipanema, Zona Sul); Pavão-Pavãozinho e Cantagalo (Copacabana e Ipanema, Zona Sul); Cidade de Deus (Jacarepaguá, Zona Oeste); Jardim Batan (Realengo, Zona Oeste); Providência (Centro); Borel, Andaraí, Formiga, Salgueiro e Turano (Tijuca, Zona Norte); Macacos (Vila Isabel, Zona Norte); São João (Engenho Novo, Zona Norte); Matriz (Sampaio, Zona Norte); Quieto (Riachuelo, Zona Norte); Coroa, Fallet e Fogueteiro (Rio Comprido, Zona Norte); Escondidinho e Prazeres (Santa Tereza, Centro); Mangueira (Maracanã, Zona Norte); São Carlos (Estácio, Centro) e Complexo do Alemão e Penha (Zona Norte).

3 Sobre as intervenções urbanas para os megaeventos esportivos e a cidade do Rio de Janeiro, recomendamos a edição especial da revista Biblos 3W, Revista Bibliográfica de Geografía y Ciencias Sociales, em seu número extraordinário: "Barcelona 1992-Rio de Janeiro 2012: juegos olímpicos y movimientos populares". Barcelona, Universidad de Barcelona, v. XV, n. 895, 5 nov. 2010. Disponível em: <http://www.ub.edu/geocrit/b3w-895/b3w-895.htm>.

tudo as localizadas no 'Polígono de Segurança' dos Jogos Olímpicos[4]. É comprovável que a ação policial em curso está promovendo a redução substancial dos conflitos violentos entre facções criminosas (e entre elas e a própria polícia) em favelas cariocas. Por outro lado, a 'pacificação' das favelas vem suscitando interesses de retomada de territórios urbanos anteriormente considerados perdidos pelo mercado formal, particularmente na Zona Sul da cidade.

Os cidadãos residentes em favelas do Rio de Janeiro resistiram dramaticamente às políticas autoritárias de remoção durante as décadas de 1960 e 1970[5]. Eles resistiram cotidianamente à escalada da violência urbana diante do 'sitiamento' imposto pelas forças policiais do Estado e pelo domínio violento dos grupos armados que controlavam territórios populares. Hoje, nos parece que passado mais de um século de lutas por moradia digna as comunidades populares estão diante de um adversário mais sutil, porém não menos violento: a lógica do mercado imobiliário. A questão em debate é, de fato, como garantir o direito de permanência de comunidades que construíram suas moradas ao longo de décadas e com esforços intergeracionais, fazendo delas suas marcações identitárias na cidade. E mais: como efetivar o direito à cidade para homens e mulheres representados e tratados sob a estereotipia de 'carentes' urbanos – cidadãos, portanto, de segunda categoria que habitam territórios 'precários, inacabados, desordenados e inseguros'. Ou seja, o tema aqui proposto possui um sentido político explícito.

---

[4] Espaços demarcados para segurança em torno dos equipamentos esportivos que sediarão os jogos, dos alojamentos de atletas e os preferencialmente destinados à circulação de turistas. Os 'Polígonos de Segurança' possuem como referência principal os seguintes bairros cariocas: Maracanã, Tijuca, Deodoro da Fonseca, Copacabana e Barra da Tijuca.

[5] No período entre 1962 e 1973, foram removidas cerca de 140 mil pessoas residentes em favelas, principalmente nas localizadas na Zona Sul da cidade do Rio de Janeiro. Vf. SILVA, Jailson de Souza e BARBOSA, Jorge Luiz. *Favela: alegria e dor da cidade.* Rio de Janeiro: SENAC/X-Brasil, 2005, p. 45-47.

As favelas na urbanização do território

É evidente que o debate envolvendo a questão da regularização fundiária nos remete ao tema da habitação como um direito social. Não é demais lembrar que o Brasil se destacou como o país onde o processo de urbanização do território foi o mais veloz durante a segunda metade século XX. A população urbana passou de 1,3 para 135 milhões. De um país de características populacionais agrárias, o Brasil rapidamente se tornou marcadamente urbano no curso de seis décadas.

Esse processo conheceu seu momento decisivo na década de 1970, quando a população urbana começou a superar a rural em função das fortes migrações em direção aos principais centros urbanos. Toda essa mudança trouxe novas dimensões para a questão da habitação nas cidades. Principalmente para as grandes cidades, que se tornavam cada vez maiores em função também da concentração de investimentos das empresas privadas e do Estado, especialmente nas metrópoles localizadas na Região Sudeste (São Paulo, Rio de Janeiro, Belo Horizonte).

Nesse quase meio século de urbanização acelerada, o número de domicílios passou de dois milhões para 37 milhões, acompanhando o crescimento da população em geral e da urbana em particular. Entretanto, apenas 20% dessas moradias fizeram parte direta da construção e do financiamento por parte dos governos (federal, estaduais e municipais) e de suas agências de fomento. A população construiu suas residências com seus próprios recursos diante da insuficiência das políticas estatais de habitação e do desinteresse do mercado formal face às demandas das "populações de baixa renda". Atualmente estima-se um déficit de oito milhões de residências urbanas como resultante de uma urbanização tão igualmente acelerada como discricionária, fazendo de nossas cidades 'máquinas de produção' de desigualdades sociais.

As favelas são, sem maiores dúvidas, expressões estruturais desse processo que caracteriza a urbanização do território brasileiro. É importante sublinhar que não se limitam a um fenômeno que se faz presente nas metrópoles. As cidades médias brasileiras são, na atualidade, representativas da multiplicação urbana de favelas e, inclusive, abrigam um crescimento mais expressivo do que o observado em capitais, sobretudo as da Região Sudeste do país[6].

No caso do Rio de Janeiro, a população residente em favelas vem crescendo de modo contínuo quando comparada à população total do município (14% em 1980; 16% em 1990; 19% em 2000, segundo as informações censitárias do IBGE). Na atualidade, cerca de dois milhões de pessoas residem em 968 espaços populares identificados em diversos bairros da cidade (Instituto Pereira Passos, 2008).

As favelas cresceram no amplo movimento de expansão da própria cidade. Inicialmente localizadas nos bairros próximos ao Centro, elas emergiram e se consolidaram na expansão da sua fronteira urbana, muitas vezes constituindo essa própria fronteira urbana, a exemplo da Zona Oeste.

POPULAÇÃO E NÚMERO DE FAVELAS NO MUNICÍPIO DO RIO DE JANEIRO (1980 A 2000)

ÁREAS DE PLANEJAMENTO	POPULAÇÃO			Nº DE FAVELAS		
	1988	1991	2000	1980	1991	2000
Centro	92.119	85.588	77.245	45	42	58
Sul/Norte	114.638	127.561	146.380	48	47	53
Subúrbio	417.268	479.661	545.011	196	184	242
Barra da Tijuca/ Jacarepaguá	26.548	72.182	144.298	39	86	113
Oeste	70.644	117.491	179.849	46	81	108

FONTES: IBGE, 1998 E 2000; INSTITUTO PEREIRA PASSOS, 2001.

Apesar das leituras que sempre consagram uma pretensa homogeneidade das moradas populares, as favelas são complexas e muito diferentes entre si. Para além das particularidades de sua morfologia e localização, há também

6 Em 2000, 139 cidades médias brasileiras (entre 100.001 e 500 mil habitantes) apresentavam a ocorrência ou proliferação de diversos desses tipos de "assentamentos irregulares" – favelas, loteamentos informais, ocupações, dentre outros. Dois anos mais tarde, 52 cidades respondiam por 3.773 aglomerações com 532 mil moradores (Pesquisa de Informações Básicas Municipais – IBGE, 2000).

uma composição diferenciada de formas de trabalho, níveis de renda, de inserção ao consumo de bens e de acesso aos serviços públicos urbanos.

Todos os esforços conjugados de construir abrigos para si e suas famílias, realizados pelos trabalhadores subalternizados da cidade, nunca foram devidamente reconhecidos pela sociedade em geral e pelo próprio Estado. Suas 'obras territorializadas' sempre foram interpretadas e tratadas como ilegais, irregulares, informais, subnormais, precárias e clandestinas por não obedecerem aos padrões racionais de edificação, por terem se constituído sem o crivo do controle governamental e por não possuírem documentação escriturada de propriedade[7].

Entretanto, quando olhamos com mais atenção para a intensa vida social presente nas favelas, percebemos códigos, marcações e práticas de sociabilidade que configuram significados próprios e que explicitam identidades socioculturais particulares.

Portanto, quando superamos os preconceitos em relação ao universo da vida nas favelas, verificamos que há acordos, regras e normas instituídas nas vivências de seus habitantes. Há modos de viver que afirmam a existência de grupos sociais na sua diferença sociocultural. Isso não significa afirmar que estamos identificando 'comunidades fechadas' ou 'grupos particularizados' em um dado território urbano, mas enunciando o reconhecimento de sua diferença no bojo de relações desiguais de apropriação e uso da cidade.

No que concerne a atividades ligadas aos imóveis nas favelas, podemos afirmar que o reconhecimento mútuo das relações contratuais personalizadas e das instituições locais são modos que estabelecem formalização de atos e contratos que celebram a aquisição de benfeitorias e a cessão de posse de bens imobiliários. As associações de moradores há muito tempo oferecem e garantem os registros que formalizam as transações imobiliárias entre pares do local, funcionando como um cartório popular de celebração de contratos. Há, portanto, extensas redes sociais que constroem modos bastante particulares de estabelecer o reconhecimento da posse de imó-

[7] Essa situação está longe de ser exclusiva às favelas, embora seja geralmente dirigida a elas. Segundo as informações da Secretaria de Programas Urbanos do Ministério das Cidades (2008), pelo menos 50% dos domicílios urbanos no Brasil não estão devidamente regularizados.

veis. Cabe lembrar ainda que nas favelas também há verdadeiros mercados de terra e de habitação, cujos preços dependem da localização, do tamanho e da qualidade dos mesmos, aproximando-se da lógica imobiliária da cidade, apesar da 'informalidade' ou da 'precariedade jurídica' dos imóveis.

As atribuídas desordem e ilegalidade das/nas favelas não se sustentam diante das relações estabelecidas entre seus membros, configurando legitimidades e formalidades aos processos de ocupação, incluindo-se evidentemente as transações monetárias como um dos pilares configuradores do mercado socialmente necessário de terrenos, casas e lajes. Estamos, enfim, diante de uma diferente formalidade que regula o mercado de bens imobiliários nas favelas e, sem dúvida, responderam ao seu modo à insuficiente e descontínua oferta de habitação popular dos programas governamentais.

Ao enunciar as suas especificidades, as favelas também revelam a sua inserção na vida da sociedade urbana como um todo. Podemos afirmar, inclusive, que as favelas representam a maximização das possibilidades econômicas, culturais e sociais realizada pelos pobres nos seus mais legítimos esforços para habitar a cidade. Mesmo nas mais precárias de suas configurações de habitação e serviços básicos, as favelas são territórios onde os pobres garantiram sua presença no espaço urbano. Podemos afirmar, então, que a favela é uma das mais contundentes expressões do 'estar sendo' das desigualdades que marcam a vida em sociedade em nosso país, em especial nas grandes e médias cidades brasileiras. É nesse plano que as favelas devem ser tratadas, pois são territórios que colocam em questão o sentido da sociedade e da espacialidade urbana em que vivemos.

Todavia, são justamente esses territórios os mais vulneráveis diante das limitações e incompletudes das políticas sociais governamentais, da notória concentração de renda e propriedade urbanas, dos interesses exclusivistas do mercado e da criminalidade violenta. Contraditoriamente, as favelas são expressões da resistência cotidiana do viver e do inventar a cidade como obra humana compartilhada, como nos alertava Holston, a respeito da emergência de espaços insurgentes, "(...) porque introduzem novas identidades e práticas que perturbam histórias estabelecidas" (1996, p. 249-250).

Ocupações populares urbanas e regularização fundiária de interesse especial

A regularização fundiária de ocupações populares na cidade e no campo sempre provoca acesos debates, sobretudo em função do regime jurídico-político-cultural da propriedade privada como regulador maior do acesso aos imóveis rurais e urbanos em nosso país.

Essa homogenia imposta pela determinação da propriedade privada significa, na verdade, uma condição ampliada da reprodução das leis de mercado no que concerne à apropriação e ao uso do espaço socialmente construído. No campo, por exemplo, apenas 1% dos proprietários domina 44% das terras. Nas metrópoles, as grandes e médias incorporadoras imobiliárias repartem entre si o controle do mercado urbano de terrenos e imóveis. Há, nesse percurso de concentração da propriedade, uma conjugação perversa de terra e poder na reprodução de classes sociais hegemônicas, fazendo do debate fundiário uma questão política de primeira grandeza no Brasil.

É possível identificar os fundamentos que fazem o mundo da vida se nos apresentar como fragmentado e reificado em nosso cotidiano, pois o modo com que nos apropriamos das condições de existência determina a nossa própria existência. Portanto, quando colocamos em destaque a questão da regularização fundiária de espaços populares, estamos abordando práticas que, de algum modo, exprimiram lutas de afirmação de cidadãos diante de formas e processos que limitam o seu acesso a direitos fundamentais, dentre eles à moradia.

A Constituição de 1988 estabeleceu a regularização fundiária como uma das principais diretrizes da política urbana. A forte pressão política dos movimentos sociais deu origem a um conjunto de proposições no campo da regularização fundiária, sobretudo em relação às favelas e periferias, considerando-se que a precariedade jurídica da posse do imóvel fragilizava os grupos sociais subalternizados da cidade diante das ações discricionárias do Estado – a exemplo das remoções – e dos interesses 'particularistas' do mercado imobiliário. Avançou-se, sobretudo, na consideração de que a formalização da posse da terra / imóvel deveria ser acompanhada de direitos sociais fundamentais (educação, trabalho e renda, saúde, segurança, lazer) e de intervenções urbanísticas de qualificação físico-ambiental das moradias, constituindo uma política que pudesse afirmar a função social da propriedade e da cidade[8].

Quando abordamos o tema da regularização fundiária de espaços populares nas cidades – notadamente no que se refere às favelas –, se faz necessário retomar princípios consagrados no Estatuto da Cidade, principalmente no que diz respeito à função social da propriedade. Ora, esse princípio regulador é de fundamental importância para pensarmos um projeto de regularização fundiária de interesse social, sobretudo no sentido da garantia e da proteção à moradia de famílias que exercem o seu legítimo direito de habitar a cidade – habitar na tensão explícita e permanente com os padrões normativos do Estado e com os interesses particularizados do mercado formal de habitação e terras urbanas.

Para tanto, é indispensável a construção de um novo quadro no âmbito do direito urbano, que defina a regularização fundiária como uma política pública cujo objetivo seja promover e assegurar a permanência de populações moradoras de áreas urbanas ocupadas em desconformidade com as lógicas e ordens hegemônicas. Isso implicaria necessariamente melhorias no ambiente urbano dos espaços populares, na afirmação de direitos sociais da cidadania e investimentos promotores de acesso aos serviços urbanos. Ou seja, a regularização fundiária aqui proposta é parte integrante de uma Agenda Republicana de Direitos Urbanos, diferenciando-se radicalmente das proposições simplistas ou 'milagrosas' de integração ao mercado formal de 'sujeitos e partes excluídas' da cidade. Trata-se, portanto, de uma concepção de regularização fundiária plena, que não se limita ao terreno no sentido métrico-físico de regularização de um 'assentamento precário', mas que reconhece sujeitos sociais e seus territórios de existência.

---

[8] Um forte impulso reformista da cidade instituiu o cenário desse período em destaque, sobretudo ao enfatizar que a regularização fundiária deveria ser pautada como um "processo de intervenção pública, sob os aspectos jurídico, físico e social, que objetiva legalizar a permanência de populações moradoras de áreas urbanas ocupadas em desconformidade com a lei para fins de habitação, implicando acessoriamente melhorias no ambiente urbano do assentamento, no resgate da cidadania e da qualidade de vida da população beneficiária" (ALFONSIN, 2001, p. 24).

Diversos instrumentos previstos no Estatuto da Cidade poderão ser mobilizados para revestir de legalidade a regularização fundiária de favelas, destacando-se os que permitem conformar áreas de especial interesse social. Tais ferramentas devem adequar a regularização fundiária às 'áreas ocupadas por populações de baixa renda' mediante o estabelecimentos de normas especiais de urbanização, ocupação e uso do solo e edificação, considerando a situação socioeconômica da população e suas condições territoriais e ambientais. Instrumentos legais, como a usucapião coletiva de imóvel urbano, a concessão especial de uso para fins de moradia e concessão real de uso[9] são mediações jurídico-políticas importantes para uma apropriação coletiva do imóvel urbano, da preservação de seu patrimônio cultural e, sobretudo, de redefinição do significado da cidade como um direito social.

Destaca-se no debate aqui proposto a conformidade dos dispositivos jurídicos e das ações políticas diretamente vinculadas ao reconhecimento do significado das ocupações populares na cidade, especialmente no que concerne às favelas como centralidade desse processo em pauta.

Apesar de reconhecermos a importância dos atuais dispositivos urbanísticos de regularização fundiária de "assentamentos precários", a sua aplicação tem sido marcada por profundas contradições. Um dos exemplos mais contundentes é a experiência de criação de Zonas Especiais de Interesse Social (ZEIS) sem a devida abrangência do projeto em termos de efetividade de direitos sociopolíticos para os pobres da cidade, além de seu caráter de contenção de grupos populares em determinadas localizações da metrópole. Ao proteger os espaços ocupados pelos pobres das ganâncias das empresas imobiliárias, contraditoriamente foram recriadas distinções territoriais, direitos urbanos e restrições para a afirmação da presença das favelas nas cidades[10]. Por outro lado, a matriz assistencialista das políticas

---

[9] Tratando-se especificamente da regularização fundiária de favelas, os instrumentos mais utilizados são a usucapião especial urbana, nos casos de terrenos privados, e a concessão de direito real de uso para fins de moradia, quando se trata de terrenos públicos. Vf. capítulo sobre regularização fundiária no Estatuto da Cidade.

[10] Recomendamos para maior aprofundamento sobre a experiência de implantação de Zonas Especiais de Interesse Social os estudos de MIRANDA, L. e MORAES, D. (2003) e ALFONSIN, B. M. (1997).

sociais parece ganhar uma inequívoca presença nos zoneamentos de interesse social, estabelecendo um território de 'carentes regularizados que precisam ser atendidos' com bens e serviços do Estado.

As experiências incompletas e limitadas de regularização fundiária de espaços populares não devem provocar um abandono das lutas, mas sim um reforço das argumentações em favor de um processo de reconhecimento político dos moradores das favelas como sujeitos instituintes da cidade e, decisivamente, incorporando as suas moradas como referências do agir público e do afeiçoamento da política urbana. Desse modo, a regularização fundiária em causa significa uma 'inflexão territorial' de políticas públicas, especialmente na direção dos territórios marcados pelas desigualdades sociais e distinções étnico-raciais de direitos, superando a notória concentração de recursos e bens públicos na cidade. Um projeto, portanto, de justiça territorial urbana capaz de promover a 'substancialização' dos direitos sociais e o reconhecimento concreto de sujeitos corporificados de direitos.

O direito à morada como condição do direito à cidade

Quando nos reportamos ao habitar da cidade, não podemos reduzir o tema ao acesso a uma unidade residencial, embora passe por ela nos termos de sua definição prática.

A conquista da moradia digna faz parte de um capítulo de mobilizações sociais e recomendações de diversos fóruns de direitos. Para além da sua necessidade como abrigo por excelência para os seres humanos, a moradia também é um direito referido em documentos internacionais que tratam da matéria, entre eles a Declaração Universal dos Direitos Humanos (1948), o Pacto Internacional dos Direitos Econômicos, Sociais e Culturais (1966) e a Agenda Habitat (1996). A própria Constituição de 1988 define a moradia como direito social e assegura no inciso IX do artigo 23 a competência comum da União, dos estados e dos municípios de promoverem programas de construção de moradia e melhorias nas condições habitacionais da sociedade.

Ao colocarmos em causa os territórios de existência de grupos populares, não estamos nos referindo simplesmente a um abrigo individual e familiar. Falamos da morada: um espaço plural, onde determinados grupos, marcados pela proximidade de valores, práticas, vivências, memórias e posição social, constroem experiências tangíveis e intangíveis como força de realização das suas vidas. A morada significa, portanto, que as pessoas estão inseridas em relações de pertencimento aos seus territórios usados. Não estão situadas em qualquer ponto ou área da cidade, mas sim em uma experiência territorial corpórea que reúne qualidades materiais e simbólicas produzidas, classificadas e mobilizadas pelos seus membros no processo de atribuir significado às suas existências. Explica-se por que os processos de remoção de favelas colocados em prática pelo Estado e pelo mercado significam um modo perverso de expropriação de experiências de sociabilidade urbana.

A dimensão da regularização fundiária ganha maior complexidade quando inserimos a 'historicidade' dos grupos sociais e de seus territórios no debate – posição que implica tratamento diferencial quando se trata de normatizar, regularizar e regular as ocupações populares como obras urbanas socialmente compartilhadas em sua origem, afirmação e consolidação. Portanto, se faz indispensável empreender procedimentos que assegurem a permanência qualificada dos cidadãos em suas moradas em formas não estabelecidas pelo jogo de forças do valor de troca do mercado e da lógica reguladora do Estado, superando o conhecido roteiro de transformação de espaços populares em objetos venais e do tratamento de seus moradores como meros consumidores de unidades residenciais. É nessa direção que a oposição entre o mercado – que particulariza a vida – e a sociedade civil – que a generaliza – se faz no território usado, em suas múltiplas dimensões materiais e simbólicas. Em suas diferentes escalas de manifestação das relações sociais, o território como morada torna-se uma possibilidade de resistência aos interesses exclusivistas do mercado e da regulação discricionária do Estado.

Estabelecer o conceito de morada como referência para regularização fundiária das ocupações populares urbanas significa, sem a menor dúvida, reconhecer que cada grupo social é portador de referências sociais e registros culturais inseridos em determinados territórios. Podemos dizer, então, que a morada é um espaço/tempo demarcado por intencionalidades e ações humanas, configurando pertencimentos em fluxos de correspondência e de intensidades plurais e definindo o quadro de relações intersubjetivas de aproximação na realização de possibilidades objetivas de existência[11].

Estamos diante de processos complexos de identificação como **um ato de pertencer àquilo que nos pertence**. Podemos considerar o sentido de pertencer como uma associação entre a representação e a experiência, capaz de articular comportamentos, saberes e conhecimentos individuais e coletivos[12]. Portanto, a morada não é apenas um lugar físico que se habita – ela é, sobretudo, um espaço de comunicação. E, em se tratando de espaços populares, por mais precária que se nos apresente a sua forma-aparência, não podemos desconsiderar as vivências compartilhadas pelo grupo social que os animam com suas histórias e, por meio delas, possibilitam que os indivíduos e grupos sociais se posicionem no mundo[13]. Emergem desse movimento homens e mulheres que superam os estigmas sociais e raciais que lhes são impostos. Pessoas que não necessitam somente, mas que sonham, desejam e exigem direitos.

Aproximamo-nos da concepção de "espaço das representações" de Henry Lefebvre. Considerando a morada como semente e produto de vivências intensamente compartilhadas por sujeitos sociais no fazer de suas vidas individuais e coletivas, pode-se afirmar que: "(...) o espaço das representações é povoado por objetos, projetos e trajetos, aos quais se

---

11 Todas as práticas de significação envolvem relações de poder, incluindo o poder de definir quem está incluído e quem é excluído (WOODWARD, 2004, p. 18-19).

12 A representação possibilita a integração do objeto às experiências prévias do indivíduo, constituindo práticas sociais que articulam sentidos e saberes coletivos. Ela pode ser definida como um conhecimento elaborado e partilhado por um grupo social e que tem o papel de orientar a construção de uma realidade comum desse mesmo grupo (JODELET, 1989).

13 É por meio dos significados produzidos pelas representações que damos sentido à nossa experiência e àquilo que somos. Podemos inclusive sugerir que esses sistemas simbólicos tornam possível aquilo que somos e aquilo que podemos nos tornar. A representação é aqui compreendida como um processo cultural que estabelece identidades individuais e coletivas (WOODWARD, 2004, p. 17).

vinculam as representações e que formam parte do representado" (1983, p. 56). A morada é o abrigo de relações intersubjetivas, de trajetos de memória e de projetos em construção em suas dimensões instituídas/instituintes da vida de grupos sociais na cidade. Reconhecer essa qualidade intrínseca na forja da vida é indispensável para pensar o espaço urbano no bojo das diferenças culturais e do necessário encontro dos diferentes para superar as desigualdades socioespaciais. Nessa perspectiva, a regularização fundiária de espaços populares (favelas e periferias) se inscreve como um campo da política: o da reinvenção cidadã da cidade.

Essa incorporação do intangível como componente indispensável da regularização fundiária amplia o seu sentido de interesse social. Considerando o intangível como indivisível e só possível de se configurar na presença de sujeitos portadores de pertencimentos e direitos socialmente construídos, não é possível conceber a regularização fundiária exclusivamente como um conjunto de métricas físico-jurídicas que afigura exclusivamente direitos individualizados de propriedade. Cabe, então, superar a lógica presidida pelo mercado em favor do território como o fundamento do trabalho, da residência, das experiências materiais e das vivências simbólicas que fazem o exercício pleno e livre da vida. Portanto, as ações públicas de regularização fundiária de favelas precisam estar em sintonia com modos criativos, complexos e heterogêneos de existência produzidos pelos seus moradores.

Nesse sentido, a execução da regularização fundiária de espaços populares não somente deverá estar inscrita em uma política urbana de direitos, como também precisa estar afeiçoada ao significado complexo das moradas populares. O direito à morada é uma condição de indivisibilidade dos direitos sociais e assume, nas condições urbanas atuais, uma importância histórica e política decisiva para a construção de um projeto renovado de cidade.

REFERÊNCIAS BIBLIOGRÁFICAS

ALFONSIN, B. M. *Direito à moradia: instrumentos e experiências de regularização fundiária nas cidades brasileiras*. Rio de Janeiro: IPPUR / FASE, 1997.

HOLSTON, J. Espaços de cidadania insurgente. *Revista do Patrimônio Histórico e Artístico Nacional*, s/l, n. 24, p. 243-253, 1996.

JODELET, Denise. *Les représentations sociales*. Paris: Presses Universitaires de France, 1989.

LEFEBVRE, Henri. *La presencia y la ausencia: contribución a la teoría de las representaciones*. México: Fondo de Cultura Económica, 1980.

MIRANDA, L.; MORAES, D. O Plano de Regularização das Zonas Especiais de Interesse Social (PREZEIS) do Recife: democratização da gestão e planejamento participativo. *Pesquisa Rede Habitat: Rede Nacional da Avaliação e Disseminação de Experiências Alternativas em Habitação Popular*. Relatório, 2003.

RAFFESTIN, Claude. *Por uma geografia do poder*. Tradução de Maria Cecília França. São Paulo: Ática, 1993.

WOODWARD, Kathryn. Identidade e diferença: uma introdução teórica e conceitual. In: SILVA, Tomaz Tadeu (Org.). *Identidade e diferença: a perspectiva dos Estudos Culturais*. Petrópolis: Vozes, 2004, p. 7-72.

Jorge Luiz Barbosa

Rio Democracia

Uma agenda de políticas públicas para as favelas e periferias da metrópole do Rio de Janeiro

Este artigo resulta de um projeto mais amplo, o "Rio Democracia: uma agenda democrática para a metrópole do Rio de Janeiro", desenvolvido pelo Observatório de Favelas[1]. Seu objetivo foi constituir um inventário crítico do processo de formulação, gestão e execução de políticas públicas destinadas às favelas e periferias urbanas da metrópole do Rio de Janeiro e, a partir de suas conclusões, contribuir para a elaboração de uma agenda propositiva de superação das desigualdades sociais e da distinção territorial de direitos[2].

---

1 O Observatório de Favelas do Rio de Janeiro (www.observatoriodefavelas.org.br) é uma organização social de pesquisa e ação pública dedicada à produção de conhecimento e de proposições de políticas de direitos sociais. Criado em 2001, tornou-se uma organização da sociedade de interesse público (Oscip) em 2003.

2 O projeto Rio Democracia foi desenvolvido por uma equipe multidisciplinar de trabalho, constituída por estudantes universitários oriundos dos espaços populares dos municípios estudados (80 bolsistas), orientadores de pesquisa bibliográfica, documental e de campo (Catia Antonia da Silva, Eblin Joseph Farage, Écio Salles, Ricarda Tavares, Simone Rocha da Rocha, Marcus Vinicius Faustini, Verônica dos Anjos), consultores de formação acadêmica e de pesquisa (Ivaldo Lima, Ana Torres Ribeiro e Raquel Willardino), coordenação executiva (Alberto Aleixo e Fernanda Gomes) e coordenação geral (Jorge Luiz Barbosa). Os resultados dos estudos estão disponíveis no site www.riodemocracia.org.br.

Os estudos foram desenvolvidos no período de outubro de 2008 a agosto de 2009, cobrindo experiências selecionadas em nove municípios da região metropolitana do Rio de Janeiro, a saber: Rio de Janeiro, Niterói, São Gonçalo, Belford Roxo, Mesquita, Nilópolis, Nova Iguaçu, Duque de Caxias e São João de Meriti. Esses municípios possuem uma dinâmica de interações, conflitos e contradições reveladora da complexidade da metrópole do Rio de Janeiro, constituindo assim um mosaico valioso para colocar em causa a política pública no âmbito de uma agenda de direitos à cidade.

A escolha da esfera municipal de gestão deve-se ao fato de que, desde 1988, com a promulgação da Constituição, os municípios brasileiros foram outorgados como novas centralidades de execução de políticas sociais, tendo em vista a consideração estratégica da "proximidade do cidadão com o governo local". Ou seja, desde então, a 'descentralização' da gestão de políticas sociais se tornou um marco institucional das políticas públicas no Brasil.

Buscamos colocar em causa, no presente artigo, o papel do município como esfera de garantia e promoção de direitos – principalmente no que diz respeito aos grupos sociais e indivíduos em situação de vulnerabilidade social – e, em especial, como lugar da participação da população na formulação, no controle e na avaliação das políticas públicas sociais. Trata-se, sobretudo, de colocar em questão o tema do Direito à Cidade como propósito maior das políticas públicas, tendo em vista a justiça territorial como prática de superação de desigualdades sociais.

Descentralização do Estado e municipalização da gestão de políticas públicas no Brasil

A democracia como valor social foi um dos principais temas colocados na agenda de mudanças institucionais na Constituição de 1988, tendo como argumento a participação na gestão pública como exercício de direitos e responsabilidades cidadãs. Portanto, a transformação democrática institucional exigia compromissos formais com representação política dos cidadãos nas esferas de decisão, em especial as concernentes às políticas sociais.

A proposta da descentralização dos movimentos sociais e partidos de oposição significava realizar a democratização em termos práticos e concretos. Ou seja, substancializar a democracia na vida cotidiana e, sobretudo, inventar formas inovadoras de governo das cidades. A cidade era o espaço da política, portanto as proposições de mudança democrática que convergiam para a esfera municipal possuíam dimensões mais amplas. É nesse sentido que se inscreve a retomada do município como *locus* privilegiado da ação pública e como garantia de atendimento das demandas sociais. O governo democrático da cidade estava em causa nas lutas dos movimentos sociais.

Apesar dos avanços democráticos no âmbito da legislação, a descentralização do Estado a partir da esfera municipal gerou conflitos e contradições não necessariamente previsíveis, a exemplo das disputas fiscais entre municípios – ou "guerra de lugares", como definiu com maior precisão Milton Santos (1999). Tratava-se, sobretudo, de uma competição aberta entre municípios diante da ampliação das exigências de localização das corporações empresariais que, no final das contas, implicaram compromissos de fundos públicos em infraestruturas técnicas adequadas e a adoção de normas fiscais 'flexíveis' como mercadorias da cesta de 'vantagens competitivas'. A descentralização se traduzia, na perspectiva da competitividade local, como uma prática empresarial de recursos públicos em favor de interesses privados não locais: uma exteriorização dos lugares.

Por outro lado, podemos identificar casos notáveis no campo das experiências de democracia participativa. As cidades de Santos (SP) e Porto Alegre (RS) se destacaram como referenciais de políticas participativas de gestão pública, apesar do acirramento da "guerra de lugares"[3].

---

[3] Para uma leitura do significado das experiências de participação democrática em Santos e Porto Alegre, recomendamos os seguintes artigos: FREY, Klaus e DUARTE, Fábio. Démocratie participative et gouvernance interactive au Brésil: Santos, Porto Alegre et Curitiba. *Espaces et Societés,* 123, n. 4, 2005, p. 99-110 e LAHORGUE, Mario Leal. A esquerda no poder local: Porto Alegre e o Partido dos Trabalhadores. *Scripta Nova. Revista Electrónica de Geografía y Ciencias Sociales.* Universidad de Barcelona. Barcelona, v. XI, n. 245 (16), ago. 2007. Disponível em: http://www.ub.es/geocrit/sn/sn-24516.htm

A descentralização no campo das políticas públicas, tendo o município como esfera de coordenação e execução, não significava um capítulo distinto das relações mais amplas entre governo e sociedade. As críticas mais veementes à excessiva centralização federal das políticas sociais convergiram para as propostas de gestão participativa e da relevância da escala local das decisões.

As diversas Conferências de Saúde, Assistência Social e Educação demonstraram, ao longo de duas décadas de redemocratização, um profundo empenho em combinar a responsabilidade do Estado e participação democrática como atributos indispensáveis para o sucesso das políticas públicas. Conforme essa linha propositiva, os municípios teriam uma posição decisiva como agentes de gestão e execução dessas políticas, sobretudo em função das horizontalidades possíveis das relações de decisão e articulação política e institucional. É como resume Raichellis:

> Dentro deste contexto, o processo de descentralização apontava para uma nova forma de planejamento e gestão. Instituindo uma hierarquia verticalizada, através da articulação das secretarias, conselhos, planos e fundos, imprimindo uma nova lógica que partiria de baixo para cima, ou seja, dos municípios para os estados, destes para a União. Ao mesmo tempo em que permite uma articulação horizontal através da relação usuários, trabalhadores e prestadores de serviços (1994, p. 121).

A proposta da 'escala local' como espaço privilegiado da gestão e execução de políticas públicas sinalizava para três questões fundamentais: a necessária superação da distância entre os agentes formuladores das ações e o público beneficiado; a correspondência efetiva entre a qualidade da ação e as demandas de grupos sociais em 'situação de vulnerabilidade'; e, em especial, a realização das ações públicas sob controle social dos cidadãos. Carvalho destaca com propriedade esse conjunto de expectativas em relação à descentralização:

> A municipalização não é apenas expressão de uma reforma do Estado para reduzir custos e desresponsabilizar o Estado na garantia de serviços de direito dos cidadãos. É necessária para criar uma governança pautada na participação e democratização da coisa pública e, sobretudo, pautada na produção de uma gestão territorial de proximidade, integralizando atenções ao cidadão com desenvolvimento local (2006, p. 127).

É importante observar que a mudança de escala geográfica preconizada era um indicador de transformações no sentido da política pública, uma vez que colocava a participação social como decisiva no âmbito da formulação, execução e gestão das ações. Portanto, o significado da descentralização assumia um horizonte mais amplo do que uma simples passagem de atribuições de entes federativos, já que assinalava uma proposta radical na direção do empoderamento cidadão de tais políticas. E, como sua consequência direta, a (re)conceituação da política pública como direito social.

A criação de Conselhos de Direitos na esfera municipal assumiria, por sua vez, um papel estratégico nesse processo de democratização das políticas públicas. Na condição de instância de mediação entre governo e sociedade civil, estimava-se que os Conselhos se tornassem fóruns qualificados para a participação cidadã. Desse modo, o desenho da descentralização do Estado estaria completo e resultaria em avanços substanciais das formas e processos de gestão pública e, sobretudo, das políticas públicas como instrumento de igualdade no plano de direitos e da justiça social.

Recortes territoriais e políticos da pesquisa

O painel sobre as principais vertentes e os significados mais abrangentes da descentralização da gestão estatal e suas relações com as propostas de mudança para o sentido das políticas públicas nos conduz ao debate, após duas décadas de redemocratização formal das instituições do Estado, das experiências concretas e dos cenários sociopolíticos da atualidade.

Buscamos contemplar na pesquisa realizada no âmbito do projeto "Rio Democracia" um conjunto de ações públicas envolvendo instituições diversificadas, tais como: secretarias municipais e órgãos executores de políticas sociais, organizações não governamentais, conselhos de direitos da sociedade civil, associações de moradores e entidades associativas. O objetivo era construir um mapa cognitivo da concretude pública – no sentido da garantia de direitos e da participação social – das políticas implementadas. Foram realizadas entrevistas estruturadas e semiestruturadas com dois grupos principais: 'agentes' (secretários e subsecretários municipais, gestores e operadores de programas e projetos) e 'atores' (membros de conselhos de direitos, lideranças de organizações da sociedade civil e dirigentes de organizações não governamentais). A diversidade de agentes e atores foi considerada como um filtro de leituras das ações e das percepções da gestão e execução de políticas sociais. Tendo em vista o escopo do trabalho, foram privilegiadas as áreas mais explicitamente vinculadas às ações de superação da "exclusão social": educação, moradia, trabalho, cultura, saúde, segurança e assistência social.

Para tanto, a realização dos inventários contou com a participação ativa de uma equipe de 80 pesquisadores universitários, residentes nos municípios selecionados, orientados por seis coordenadores temáticos e com apoio de consultores e da coordenação geral do projeto "Rio Democracia". Além da contribuição na formulação e aplicação de entrevistas, o envolvimento dos estudantes em oficinas de vivência e seminários de pesquisa foi decisivo para os resultados gerais e os produtos mais específicos do projeto – dentre eles, o presente artigo.

O recorte empírico foi delimitado no âmbito da gestão municipal como *locus* de entrada para estudos de ações e percepções da política pública como interrogação da descentralização e da participação democrática. Os municípios eleitos em nosso estudo – Rio de Janeiro, Niterói, São Gonçalo, Belford Roxo, Mesquita, Nilópolis, Nova Iguaçu, Duque de Caxias e São João de Meriti – compõem o complexo mosaico da região metropolitana do Rio de Janeiro. As distinções entre esses municípios são imensas, tanto no que diz respeito às suas dimensões em áreas territoriais, como em seus aspectos populacionais e de desenvolvimento socioeconômico (Relatório "Rio Democracia", 2009). Dos municípios em tela, dois estão classificados entre os dez municípios do estado do Rio de Janeiro que apresentam percentuais elevados de população vivendo com menos de um dólar ao dia: Belford Roxo (30%) e Duque de Caxias (27%).

As distinções revelam a acumulação de profundas desigualdades em relação aos investimentos públicos e privados nos municípios estudados, cujas implicações em termos de geração de trabalho e renda, de dotação de estruturas produtivas, das condições de moradia e da oferta de serviços básicos constroem cenários de graves consequências sociais territorializadas.

Todavia, reconhecer a existência de inúmeros desafios historicamente postos às gestões municipais não as isenta de suas opções políticas. Deve-se, portanto, observar quais são as limitações, os conflitos e as contradições que estão incluídos na agenda de cada gestão municipal, levando em consideração, inclusive, as disponibilidades orçamentárias e as prioridades estabelecidas. Nesse sentido, a falta de recursos financeiros ou a indisponibilidade de fundos públicos diante do 'volume da pobreza acumulada' não podem ser tratadas como justificativas absolutas para a precarização de pautas sociais, ou melhor, da precarização das pautas de direitos sociais. E, de modo mais incisivo, não pode ser concebida como atenuante de uma não filiação da gestão municipal a processos significativos de democracia participativa, tradução mais radical da descentralização do Estado.

Gestão e políticas públicas em territórios populares

A pesquisa se orientou mais decisivamente para os territórios de morada denominados como "áreas de risco social", expressão genérica atribuída às favelas e periferias urbanas que se multiplicaram na metrópole do Rio de Janeiro, em particular, nos municípios que conformaram o recorte geográfico do presente estudo. Essa 'opção metodológica' tem como referencial o desvelamento dos significados mais amplos da política pública para os chamados grupos em "situação de vulnerabilidade social" – público considerado como prioritário de programas e projetos governamentais. Ao mesmo tempo, objetiva também aprofundar o debate da descentralização nos marcos da democracia participativa.

Considerando a complexidade do inventário de políticas públicas em foco, combinou-se a escala dos espaços populares com a escala de comando institucional mais imediata: a gestão municipal. Para tanto, foi elaborado e aplicado um conjunto de entrevistas dedicado à produção de conhecimento inédito sobre conceitos, práticas e intencionalidades das políticas públicas sobre a ótica de agentes governamentais e de atores sociais diretamente envolvidos em sua realização prática.

A linha de trabalho adotada não invalida uma análise mais abrangente da descentralização e da participação democrática, pois busca a sua 'corporificação' no mundo da vida e a sua consequente leitura a partir de sujeitos concretos. Buscamos encontrar nas grafias territoriais das políticas públicas as sendas para a compreensão da força do local para a mudança e, em especial, para a construção de agendas de direitos urbanos. Isso significa abordar tensões sociopolíticas expressas no território e, nos parece, não há territórios mais substanciais e enunciadores dessas tensões do que os vividos como morada dos pobres das cidades.

É evidente que a descentralização da gestão e execução das políticas públicas seria permeada por diversos obstáculos de ordem financeira, técnica e, sobretudo, política. Esse não é um pressuposto teórico, mas uma tensão explícita do processo político institucional e territorial da descentralização, colocando impasses e obstáculos importantes para a realização de políticas públicas. Por outro lado, o desenho delas não raramente apoia-se em percepções de grupos sociais e de seus territórios de morada de maneira profundamente equivocada, embora repleto de 'melhores intenções de combate à pobreza'.

A dimensão simbólica é uma tensão sociopolítica que se explicita nas definições de grupos sociais como 'vulneráveis' ou como 'excluídos' e, no seu limite mais contundente, na percepção estereotipada das moradas desses mesmos grupos sociais como 'áreas de risco'. Essas imagens ou representações do público da política contribuem para a desvalorização de sujeitos como seres da invenção da vida, além de uma profunda desatenção em relação às diferentes redes sociais presentes no território, contribuindo para uma recorrente 'assistencialização' da ação pública, sobretudo quando se trata de determinados indivíduos, grupos sociais e territórios 'considerados como carentes'.

Outro nível de tensão sociopolítica grafada no território está relacionado à descontinuidade de programas e projetos sociais. Tornaram-se evidentes as rupturas na realização de ações públicas, tanto em função das mudanças partidárias no âmbito da gestão das instâncias governamentais (federal, estadual e municipal), como por razões diretamente relacionadas ao aporte de recursos de financiamento e de pessoal. Essa realidade é demonstrativa – independente de uma avaliação criteriosa da qualidade social da ação pública – de um modo de não asseguramento de direitos e, de maneira mais preocupante, resulta na baixa expectativa de direitos por parte dos cidadãos, notadamente entre os residentes em favelas e periferias.

Esses três níveis de tensionamentos sociopolíticos no âmbito da ação pública possuem escalas de acontecimento distintas, mas se cruzam nos territórios populares e fazem emergir conflitos e contradições que contribuem com a reiteração de desigualdades sociais.

Das conclusões relevantes do estudo realizado, podemos destacar, especialmente no que concerne à gestão, o empenho e o compromisso político-institucional de diversos agentes na formulação e execução de políticas no âmbito da governabilidade municipal.

Todavia, tornaram-se evidentes as diversas lacunas, descontinuidades e fragilidades particulares ao desempenho das políticas públicas como garantia e promoção de direitos para o conjunto de cidadãos, particularmente quando se trata de sua inscrição em espaços populares:

1. Os municípios são recorrentemente instâncias administrativas de execução de políticas federais. No entanto, a formulação, acompanhamento e avaliação de políticas públicas ainda não são escalas acessíveis à esfera municipal. Não há uma plena e efetiva descentralização que garanta ao ‘poder local’ um papel mais abrangente em termos de concepção, definição de recursos e execução de políticas públicas. Na prática, os municípios não conseguem converter programas e projetos federais em políticas municipais fundamentadas em suas prioridades, particularidades e demandas locais. Essa situação ressalta a incompletude do pacto federativo preconizado pela Constituição de 1988.

2. Os enlaces institucionais entre os municípios e o governo estadual são frágeis e, quando existem, são pouco duradouros, mesmo em se tratando de ações governamentais que são estabelecidas nos limites territoriais da administração municipal, a exemplo da educação, da saúde e da assistência social. Há inclusive dificuldades extremas de compartilhamento de equipamentos para a execução de serviços governamentais. Essa frágil articulação denota uma fragmentação de programas, projetos e ações governamentais, cujos resultados são os baixos impactos positivos nas condições de vida e na experiência democrática de realização de direitos constitucionalmente consagrados. Por outro lado, os programas e projetos são descontínuos no tempo e no espaço por sua característica dominante de ações de governo e não de políticas de Estado.

3. A descontinuidade das políticas públicas – ou melhor, de programas e de projetos – tem sido notória entre gestões que se sucedem e dentro de uma mesma gestão municipal. Tal fato corresponde à inconsistência de ações governamentais na atenção aos cidadãos, à pulverização de recursos de financiamento e ao emprego seletivo de recursos de pessoal em determinadas ações.

4. Os municípios pouco desenvolvem articulações horizontais de gestão entre si, no sentido de estabelecer políticas comuns, restringindo suas ações aos seus limites territoriais administrativos. Trata-se de uma realidade criada não exclusivamente pela limitação de recursos de financiamento e/ou de pessoal, mas de entendimento do sentido da gestão pública e da primazia do particularismo sobre a universalização dos direitos. São poucos os gestores que têm conhecimento das questões mais relevantes para o desenvolvimento integrado de políticas públicas em seus municípios, mesmo quando se tratam de questões de transversalidade mais explícita – a exemplo do saneamento ambiental, do transporte coletivo, da assistência social e dos serviços de promoção à saúde.

5. Os instrumentos reguladores municipais – dentre eles, o Plano Diretor – ainda são ineficazes pelo seu descompasso com a concretude da dinâmica do território e incapazes de operar mudanças substanciais diante da fragmentação e da descontinuidade de suas atribuições normativas.

6. Há um conflito anunciado entre a Lei de Responsabilidade Fiscal e as demandas sociais por equipamentos e serviços, fazendo com que a gestão municipal não responda adequadamente à garantia, à promoção e à reparação de direitos, face às desigualdades socioeconômicas e à distinção territorial vivida, em particular no que diz respeito aos cidadãos e cidadãs dos espaços populares.

7. A esfera municipal ainda não se efetivou como forma privilegiada de participação, acompanhamento e controle social democrático de políticas públicas. Conselhos e fóruns de direitos e de controle social permanecem, em sua expressiva maioria, com limitações da sua representação de ordem política no que concerne à contemplação de demandas, reivindicações e valores da sociedade civil diante de executivos e legislativos municipais.

8. É notoriamente inconsistente o diálogo e a interação entre secretarias de um mesmo município, reproduzindo concepções e práticas setoriais na formulação, gestão e execução de políticas, programas e projetos, cujas repercussões mais evidentes são o parcelamento/sobreposição das ações e a seletividade discricionária/atomização do público beneficiado.

9. O uso do território pela gestão municipal – assim como os praticados pelas gestões estadual e federal –, no tocante à formulação e à execução de políticas públicas, continua a ser mobilizado como palco de ações isoladas e de interesses dispersos de agentes governamentais e atores sociais. Não se observam políticas para uma verdadeira efetividade socioespacial, aqui entendida como processo e conteúdo de mobilização das oportunidades presentes no território de modo equitativo e integrador de políticas e ações públicas, o que conduziria à justiça territorial.

10. Uma lacuna também em comum na administração dos municípios é a insuficiência de estudos que tratem das demandas presentes nos espaços populares no que diz respeito às políticas públicas. A ausência de diagnósticos participativos limita a realidade das favelas e periferias a informações secundárias – e genéricas – que pouco contribuem para a identificação dos problemas e das potencialidades vividas em cada comunidade e no conjunto territorial formado por elas.

11. O acompanhamento, monitoramento e avaliação de políticas, programas e projetos implementados ainda são extremamente limitados e pouco consistentes para definir resultados e impactos com maior precisão em termos do seu alcance, validade e oportunidade de promoção de direitos sociais.

12. Há uma nítida falta de reconhecimento por parte dos gestores municipais, estaduais e federais do capital material e simbólico das comunidades populares – situação que implica a recorrente 'assistencialização' como matriz de políticas, programas e projetos de distintas naturezas, inclusive as de educação, trabalho e cultura.

13. Ainda permanecem formas clientelistas de relação entre beneficiados e beneficiadores de projetos e programas públicos, reproduzindo situações em que serviços são prestados como favor e não como direitos sociais constitucionalmente protegidos. Essas formas clientelistas são diretamente responsáveis pela fragmentação das ações de programas e projetos, além de estabelecerem uma percepção ofuscada do direito social por indivíduos e grupos sociais, particularmente os residentes em espaços populares.

Políticas sociais e escala local: fragmentação, hibridismos e participação social nos territórios populares

Seria demasiadamente abusivo desconsiderar mudanças importantes e empenhos notáveis de gestões municipais ao longo dos 20 anos de redemocratização das instituições do Estado, em particular no que concerne à ampliação de equipamentos e serviços públicos. Todavia, permanecem limitações extremas em termos da qualidade de suas ofertas e da cobertura integral das legítimas demandas sociais. Acrescenta-se ao cortejo de limitações a notória distinção territorial da presença qualitativa e quantitativa de bens, equipamentos e serviços públicos, constituindo o que denominamos como "fragmentação territorial de direitos".

A desigualdade social se revela como hierarquização da cidadania de acordo com os territórios de morada, uma vez que a execução de políticas governamentais tende a se realizar prioritariamente em fixos (estruturas físicas e pessoas fixadas em unidades administrativas). As desigualdades se reproduzem com a instrumentalização e concentração de recursos, fazendo do uso hierárquico do território mais um componente da reprodução de contradições sociais e da distinção de direitos estabelecidos na Constituição brasileira.

A municipalização da coordenação e execução de políticas públicas parece não corresponder à inflexão territorial necessária e desejada em termos da garantia de direitos. Fato que reflete uma situação paradoxal da descentralização, particularmente identificada nas entrevistas com atores sociais em relação às políticas de saúde e assistência social, uma vez que os recortes geográficos foram considerados pelos membros de Conselho de Direitos entrevistados como "condicionantes do acesso aos direitos". Entretanto, é preciso alertar que a presença dos equipamentos e dos serviços não é uma garantia absoluta da realização dos direitos sociais, pois é indispensável observar a qualidade das relações sociais que se estabelecem com a mediação dos espaços tangíveis e das ações públicas no território.

Por outro lado, proliferam formas e processos híbridos de uso de recursos públicos nos municípios estudados. A descentralização mostra uma face perversa de reprodução de poderes discricionários e de apropriação de fundos públicos por interesses particularizados. Os bairros populares, as favelas e assentamentos das periferias urbanas são os territórios de morada onde tais formas ganham força imanente. Entidades 'filantrópicas' e 'centros cívicos' (não raramente vinculados implícita ou explicitamente a membros do Executivo e Legislativo municipais, estaduais e federais) mobilizam recursos públicos para oferecer seus serviços sociais para as 'famílias carentes', constituindo redes de beneficiados em relações de clientela e proteção pessoal. Opera-se, portanto, uma inversão absoluta do direito social em favor de privilégio e na afirmação de posições de poder personalizadas.

Outra forma híbrida identificada inclui diretamente a própria gestão pública. É o caso da transferência indevida das atribuições do Estado para entidades da sociedade civil, por meio de convênios ou simplesmente de aportes de recursos e cessão de instalações físicas. O relato de um dos gestores entrevistados é ilustrativo de relações híbridas na execução de ações públicas: "Às creches comunitárias nós damos assistência com leite, o pagamento da coordenação do projeto. Algumas delas são mantidas por ONGs, algumas são mantidas por Centros Espíritas, por Igrejas Evangélicas, pela Igreja Católica, varia muito".

Não devemos invalidar as iniciativas sociais e populares de atenção solidária, sobretudo as que se fazem presentes em espaços populares. Entretanto, é impossível não assumir uma postura crítica diante de formas substitutivas e de práticas de transferência de responsabilidades do Estado para entidades e organizações civis, inclusive alienando o papel social e as atribuições originais dessas mesmas instituições. Situações assemelhadas às descritas podem ser encontradas no campo da cultura, da saúde e da educação, construindo uma "galáxia" de hibridismos que fragiliza a percepção e a prática de direitos sociais.

Os estudos realizados também identificaram importantes avanços em termos de descentralização da gestão e execução de políticas sociais nos municípios selecionados. Não por coincidência, essas experiências exemplares contaram com a participação ativa de conselhos de direitos, movimentos sociais, associações de moradores, em seus diferentes momentos de formulação, execução, acompanhamento e avaliação. Fato que demonstra que a participação autônoma, crítica e propositiva de atores sociais é um caminho que deve ser adotado, sobretudo quando se trata da descentralização como exercício da cidadania e das possibilidades de elaboração de uma agenda afirmativa de direitos à cidade.

Reconhecendo a decisiva referência do território para a realização da vida, vislumbra-se a sua necessária incorporação no processo de formulação, execução e avaliação de políticas públicas e da própria construção do significado do público. No que concerne às favelas e às periferias da metrópole, as seguintes premissas de uma agenda participava são extremamente valiosas:

1. **Reconhecer a legitimidade dos espaços populares:** Promover a superação das representações hegemônicas dos espaços populares como territórios sem ordem, sem lei, sem civilidade – ou seja, uma não cidade marcada pela violência, pelo caos e pela miséria. A construção de representações públicas positivas em relação aos espaços populares é fundamental para a qualidade de bens e serviços destinados às comunidades. Em outras palavras, romper com o estigma de 'coisas de pobres e para pobres' muda o sentido das políticas públicas em termos de eficácia e efetividade, criam-se compromissos políticos e vínculos de afetividade entre os grupos e agentes operadores locais (servidores do Estado), além de mobilizar a autoestima da comunidade nas ações públicas.

2. **Mobilizar o capital social das comunidades populares:** Criar condições locais para o desenvolvimento autônomo e emancipador da situação de vulnerabilidade social como matriz de orientação da formulação de conceitos, ações e metas das políticas públicas, ao incentivar o protagonismo e a cooperação, ensejando a mobilização e a multiplicação de recursos (humanos, materiais e simbólicos) endógenos na solução de problemas locais.

3. **Estimular a articulação sociopolítica entre as organizações locais e delas com as do Estado em seus diversos níveis federativos:** Para criar condições de ampliar o escopo social e integrar políticas públicas, se faz indispensável a articulação das organizações populares com o Estado, tendo no município sua escala de relação privilegiada, promovendo

maior integração entre agentes e atores de ações públicas no território. A integração proposta deve, entretanto, ser praticada preservando a autonomia das organizações locais na diversidade de representações comunitárias e, ao mesmo tempo, superando a fragmentação de responsabilidades no tocante à execução de ações, programas e projetos de origem governamental, hoje tão comuns aos espaços populares.

4. **Garantir a continuidade e a ampliação das ações públicas realizadas nas comunidades populares:** Trata-se da retomada da confiança dos moradores nos agentes e nos atores das instituições envolvidas diretamente com o fazer das políticas públicas. Para além da garantia de continuidade das atividades, é criado um sentimento de reconhecimento de suas demandas e a percepção de direitos individuais e coletivos ampliados. Por outro lado, o reconhecimento das experiências poderá ser referência para renovar a formulação e a execução de políticas públicas consistentes e duradouras.
5. **Desenvolver metodologias participativas de acompanhamento e de avaliação de políticas públicas:** Consiste em fortalecer a atuação de instituições locais e de cidadãos para um efetivo controle social de aplicação de recursos, de eficácia das ações, do cumprimento de metas e da realização de objetivos estabelecidos nas políticas. Deve-se ter em conta a preparação dos cidadãos no que tange à sua capacitação para a função de protagonistas de políticas públicas. O acompanhamento e a avaliação processual dessas políticas figuram, então, como um coroamento do exercício pleno da cidadania, com base em ações válidas e validadas que corporificam sujeitos de direitos.
6. **Construir redes de efetiva participação social:** Mobilizar diferentes sujeitos sociais por meio das instituições locais, buscando estabelecer o reconhecimento político de intervenções diretas nas políticas públicas, promovendo o exercício da cidadania como o de direitos e responsabilidades comunitárias. Ao ampliar os níveis decisórios, criam-se espaços públicos para além da esfera estatal, contribuindo para uma democracia participativa legítima e não meramente de processos for-

mais de consulta, pois se trata da criação permanente e diferenciada de compartilhamentos de decisões e responsabilidades. Essa dimensão inclui os compromissos cívicos, centrados no processo público de participação ética que, por sua vez, confere a identidade de pertencer a uma mesma coletividade territorialmente inscrita.

Conclusões propositivas

Na especificidade do projeto "Rio Democracia", a Constituição de 1988 foi o marco temporal da leitura da conquista de direitos – na forma da lei – por parte da sociedade. Por outro lado, a metrópole do Rio de Janeiro foi o marco espacial da efetivação das conquistas de direitos como conteúdo da vida social. Esse recorte espaço-temporal de garantia e realização dos direitos abrigados na letra constitucional, como já aludimos, conduziu distintas experiências de políticas públicas em territórios da metrópole ainda profundamente marcados pela desigualdade social e cuja presença soberana e republicana do Estado ainda é pouco expressiva na sua missão democrática de promoção e de reparação de direitos sociais.

A construção de uma agenda de gestão urbana democrática nos termos aqui propostos advém dos inventários de políticas públicas realizados em diferentes contextos de espaços populares. O conhecimento oferecido pela pesquisa inventariante permitiu a formulação de proposições nascidas do empenho articulado da prática teórica, metodológica e empírica da investigação, envolvendo a tríade política pública-direitos sociais-território, sob a dimensão da experiência democrática em favelas e periferias da metrópole. O elenco de princípios anunciados a seguir é fruto do empenho traduzido pela equipe de pesquisadores do projeto "Rio Democracia". Pretende-se com esse elenco oferecer diretrizes às instituições da sociedade civil, aos movimentos sociais e ao conjunto de cidadãos e cidadãs, no sentido de qualificar e ampliar os processos de participação social como possibilidade da garantia, promoção e reparação de direitos sociais, em particular no que concerne às favelas e às periferias da metrópole do Rio de Janeiro.

1. **A afirmação de sujeitos corporificados de direitos:** É imperioso considerar os moradores dos espaços populares como cidadãos que devem ter seus direitos garantidos na forma de políticas públicas afeiçoadas aos seus territórios. Trata-se, portanto, de um princípio da validação plena da vida social, democraticamente orientada e configurada nos usos legítimos do território por grupos sociais marcados por profundas desigualdades sociais. Deve-se, então, entender que a garantia dos direitos a partir do reconhecimento das demandas e das necessidades apresentadas pelos próprios sujeitos desses territórios é o caminho mais preciso para se alcançar a justiça territorial, assegurando aos diferentes territórios constituintes da cidade as condições para a construção do cidadão pleno e da integralidade dos direitos sociais.

2. **A cidade como diversa, una e plural:** Compreender a cidade de forma ampla e plural e, portanto, composta por diferentes territórios que fazem parte de uma mesma totalidade, além de reconhecer as especificidades de cada espaço construído histórico e socialmente. Isso pressupõe a efetivação dos direitos dos seus habitantes de modo indivisível. Assim como a cidade precisa ser, na perspectiva da democracia territorial, considerada de modo integral, os moradores dos diferentes espaços populares devem ser considerados em suas múltiplas dimensões: social, econômica, biofísica, ética e estética. Dimensões que compõem o ser social de forma integral e indivisível e que devem orientar a formulação e execução de políticas públicas como instrumento de garantia, promoção e reparação de direitos sociais.

3. **A efetividade da legislação e dos instrumentos regulatórios:** Nas últimas décadas, houve um importante avanço na elaboração de legislação pertinente aos direitos sociais e em seu consequente desdobramento em marcos regulatórios de políticas públicas. Pode-se afirmar, inclusive, que, em termos de saúde e assistência social, a legislação brasileira é uma das mais completas do mundo. Entretanto, a eficácia e a efetividade de leis e normas regulatórias ainda não são integral-

mente alcançadas. Essa limitação não está contida na oportunidade maior ou menor de recursos disponíveis para substancializar a legislação. Há atravessamentos de ordem política, ideológica e social que interferem na aplicação completa e/ou progressiva da legislação. O fortalecimento da esfera pública de decisão e controle de políticas sociais se faz imediatamente necessário para o cumprimento democrático dos avanços no plano dos instrumentos normativos institucionais.

4. **A produção, sistematização e democratização das informações:** No mundo contemporâneo, a informação é um dos principais atributos de poder político e social. Portanto, a sua produção, sistematização e, principalmente, a sua difusão democrática se configuram como condição do exercício pleno da cidadania. A informação sobre a gestão pública não pode estar confinada em segmentos burocráticos de poder. Além de produzida e sistematizada – situação ainda distante em muitas esferas da gestão do Estado –, a informação precisa circular como um bem público, possibilitando ao cidadão não somente fiscalizar o poder público, mas também contribuir de modo eficaz nas escolhas e decisões de importância para seu bairro, sua cidade, município, estado e país. É preciso compreender, entretanto, que estamos nos referindo não exclusivamente à informação produzida por gestores e agências de pesquisa, mas àquela gerada também por e para a diversidade de territórios que compõe a metrópole, em especial os espaços populares. Espaços esses que, na maioria das vezes, aparecem nos dados estatísticos apenas como focos de problemas. É fundamental que um novo olhar seja lançado sobre esses territórios, com a utilização de sistemas mais complexos e completos de informação, visando ao desenvolvimento das potencialidades neles existentes e à sua integração ao espaço metropolitano. Para tanto, é necessário considerar as experiências e percepções que os moradores acumulam nas vivências cotidianas de suas comunidades, capacitar esses sujeitos para que sejam também produtores de informação, diminuindo as chances de sua manipulação ou da apropriação utilitária de seus saberes.

5. **Justiça territorial e gestão democrática da metrópole:** A justiça social constitui um elemento complexo e indissociável na construção da democracia em sua concretude, o que exige a reflexão do significado do conceito de justiça territorial. A distinção da garantia e a distribuição de direitos que marcam a vida social da metrópole nos conduzem à superação das leituras do território como um mero conjunto de objetos socialmente produzidos, os quais devem ser repartidos e arrumados de forma equânime. Para tanto, se faz decisiva a articulação entre concepção e prática política em relação ao uso do território como distribuição justa dos direitos sociais. Justiça territorial é, pois, uma das concretizações da democracia e uma das condições para o exercício pleno da cidadania. Ela reconhece a relevância das diversas escalas de ação entrecruzadas no território metropolitano. Essas escalas territoriais – de concepção, de ação e da vida – são efetivas arenas políticas, configurando-se como contextos sociais específicos e propícios ao diálogo, à convivência e à negociação democrática das diferenças (exprimindo, portanto, o sentido político do público). Entendemos, por isso, que não haverá gestão democrática da metrópole que se pretenda transformadora sem se levar em consideração a complexidade de contextos e das escalas das relações humanas mediadas pelo território, comuns demandas de direitos, seus sujeitos sociais corporificados e seus horizontes cívicos. Isso é o que viabiliza o encontro da justiça social com o território em um processo de construção plural e diverso, em que protagonistas atuam criativamente na elaboração de seus modos de vida compartilhados. Em síntese, a gestão democrática da metrópole deve reconhecer e mobilizar os diferentes sujeitos sociais em seus contextos territoriais, em uma perspectiva sistêmica e ampliada da justiça social.

REFERÊNCIAS BIBLIOGRÁFICAS

CARVALHO, Maria do Carmo Brant de. Assistência social: reflexões sobre a política e sua regulação: um modo singular de produzir política. *Serviço Social e Sociedade*, n. 87, 2006.

RAICHELLIS, Raquel. *Esfera pública e conselhos de direitos de assistência social: caminhos para a construção democrática*. São Paulo: Cortez, 1998.

RIO DEMOCRACIA, Relatório. Rio de Janeiro: 2009. Disponível em: <http://www.riodemocracia.org.br/riodemocracia/site/acervo/documentos.php>.

SANTOS, Milton. Guerra dos lugares. *Folha de S. Paulo*, São Paulo: 8 ago. 1999.

Jailson de Souza e Silva

As Unidades de Polícia Pacificadora e os novos desafios em relação às favelas cariocas

O presente texto tem como referência o seminário "Aspectos humanos da favela carioca", realizado no mês de maio de 2010 pelo Laboratório de Etnografia Metropolitana (LeMetro) do Instituto de Filosofia e Ciências Humanas da Universidade Federal do Rio de Janeiro (IFCS/UFRJ), no qual tive a oportunidade de realizar uma fala. Em função disso, a sua forma textual guarda um tom mais coloquial do que um artigo tradicional. Nele, apresento inicialmente uma breve síntese a respeito de um conjunto de formulações que tenho desenvolvido acerca da representação hegemônica dos moradores das favelas e o que essa percepção provoca em termos de políticas públicas, em especial no campo da segurança pública.

A seguir, busco interpretar possíveis mudanças nessas representações e suas consequências a partir do impacto provocado pelas ações de ocupação das favelas pelas forças policiais cariocas. Denominada Unidade de Polícia Pacificadora (UPP), a iniciativa visa à expulsão dos grupos criminosos que detêm o controle social dos espaços favelados e, a partir dessa ação, à garantia da soberania estatal. A nova estratégia se insere em um quadro de redefinições das relações entre os órgãos estatais e instituições dominantes na cidade – grande mídia, grupos empresariais, organizações do terceiro setor etc. – e os espaços favelados.

Nesse quadro, exponho um conjunto de considerações sobre as oportunidades e os riscos que podem derivar do sucesso da progressiva estratégia de segurança pública nas favelas. Meu desejo maior é estimular um necessário aprofundamento da reflexão sobre as formas estatais de intervenção, assim como a valorização profunda de mecanismos democráticos e participativos que garantam a permanente melhoria da qualidade de vida dos moradores das favelas, seu direito à morada e sua inserção plena no conjunto da cidade.

As representações usuais sobre os moradores das favelas e suas derivações no campo das políticas sociais

Desde 2002, pelo menos, tenho refletido sobre as formas usuais de representação dos moradores das favelas e as consequências dessas percepções sobre as políticas públicas efetivadas nesses territórios. Parto do argumento de que a base das representações hegemônicas sobre os grupos sociais no Brasil, construída no processo histórico nacional, é de que as relações de hierarquia pautam a realidade nacional e devem caracterizar as relações entre os diversos grupos sociais.

Durante séculos, a principal distinção hierárquica em território brasileiro foi estabelecida entre os escravos – que, não custa mencionar, eram negros – e os homens livres. De forma secundária mas também relevante, se colocava a distinção entre os homens com posses, em geral propriedades e/ou títulos de nobreza, e os despossuídos. Outros níveis hierárquicos eram sustentados nas distinções sexuais (em prejuízo das mulheres) e etárias (em prejuízo das crianças e adolescentes, vistos como seres sem direitos), além de diversas outras formas de transformação da diferença em desigualdade. Assim, a sociedade brasileira foi se forjando através da construção de formas diversas de relacionamentos sociais e de noções de cidadania baseadas, principalmente, no capital econômico, no cerceamento dos direitos sobre o corpo e da vontade soberana da grande maioria da população.

Embora relevante, o objetivo do presente artigo não é tratar do desenvolvimento das relações sociais hierarquizadas na sociedade brasileira e suas transformações no tempo e espaço. Estou chamando atenção para essas referências históricas apenas para demonstrar que as representações sobre os moradores das favelas, dentre outras, não se sustentam em valores espontâneos ou recentes, mas se estruturam em referências simbólicas que dominam as relações entre os diversos grupos sociais brasileiros há longo tempo.

A sociedade de consumo de massa, que se expandiu no Brasil a partir das décadas de 1960 e 1970, criou novas referências no processo de hierarquização social. Na ausência dos títulos de nobreza e da escravidão[1], o acesso a bens de consumo distintivos, *lato sensu*, tornou-se o instrumento maior de hierarquização das relações entre (e intra) os múltiplos grupos sociais, em especial nos grandes centros urbanos.

Bens (ou, nos termos de Pierre Bourdieu, "capitais"), como imóveis, veículos sofisticados, empregos em empresas valorizadas, em especial as multinacionais, diplomas em instituições universitárias, em especial no exterior, rede social com outros detentores de diversas formas de capital são os principais produtos comercializados no mercado social. Eles são transformados em 'capitais' preciosos para a construção das identidades dos grupos e territórios sociais, assim como do processo de produção das subjetividades dos indivíduos.

A diferenciação via consumo de bens socialmente valorizados é complementada por outros elementos estruturantes das hierarquias sociais, tais como o racismo, em especial, o machismo, a homofobia, o preconceito contra os nordestinos e outras formas de discriminação que se fazem presentes na sociedade brasileira. Temos, nesse quadro, um mosaico de representações e práticas estigmatizantes que se integra na construção de uma estruturação social que passa a se reproduzir nas instituições sociais: familiar, religiosa, educacional, do mundo do trabalho etc.

---

[1] Cabe não ignorar a presença, em variados níveis das relações sociais, de juízos e práticas que remetem a uma consciência escravocrata, fundamentais para a construção das representações relacionadas aos moradores das favelas.

No caso do Rio de Janeiro, a partir da representação maior da hierarquia social baseada no acesso a bens distintivos, um conjunto de elementos se fundiu para constituir as formas hegemônicas de representação das favelas e seus moradores: a sua associação com a pobreza econômica, a falta de formação escolar, a predominância de emprego no trabalho manual, o fenótipo dos moradores – em grande maioria pretos ou pardos –, a precariedade das moradias, dos serviços e equipamentos urbanos, a origem nordestina – região considerada **problema** no país –, a ocupação ilegal de terras, a falta de pagamento de taxas e impostos diversos etc.

Construíram-se, então, perfis específicos do morador das favelas e de seu território que foram transformados em juízo comum, nas definições legais e formais e mesmo no plano acadêmico. No processo, as favelas e seus moradores passaram a ser percebidos de forma homogênea, apesar de sua rica diversidade (tipo de sítio, densidade populacional, acesso a serviços e equipamentos, perfil populacional, grau de organização comunitária etc.), como espaços desprovidos de condições básicas de cidadania – na verdade, espaços de **subcidadãos** e da "ralé" (sic), nos termos afirmados por Jessé Souza (2006)[2].

Essas referências desqualificadoras da humanidade dos moradores das favelas, mesmo quando afirmadas em tom de protesto como o faz Jessé Souza, são usuais para denominá-los, dentre outros grupos subalternos brasileiros, como sujeitos desprovidos de direitos. Do mesmo modo, o Instituto de Pesquisas Econômicas Aplicadas (IPEA), órgão do governo federal, usava o termo "miserável" (e "indigente") para classificar as pessoas que detinham uma renda abaixo de determinado percentual do salário mínimo. De forma similar, o Instituto Brasileiro de Geografia e Estatística (IBGE) designa as favelas, dentre outros espaços, como "aglomerados subnormais".

Independente da intenção de seus usuários, os termos apresentados são mais discriminatórios do que descritivos. Eles não permitem o reconhecimento da humanidade dos moradores das favelas, de suas criativas práticas culturais e das ricas estratégias que construíram, historicamente, para suprir as lacunas na oferta de direitos fundamentais por parte do Estado. Pelo contrário, os termos naturalizam o preconceito e contri-

---

[2] Cf. SOUZA, Jessé. *A construção social da subcidadania*. Belo Horizonte: UFMG, 2006.

buem para a reprodução de juízos segregadores em relação aos valores éticos e às práticas sociais dos residentes nos espaços favelados.

Nesse quadro, no amplo espectro de representações sobre esses espaços, dos setores mais conservadores aos mais progressistas da pólis, foi se consolidando uma premissa fundamental sustentada nas noções de carência, de precariedade e de ausência, no limite de civilidade, de humanidade. Essa percepção revela-se abrangente, indo, de acordo com a perspectiva ideológica, da denúncia indignada à 'ausência' do Estado em termos de oferta de serviços e equipamentos urbanos básicos. Há ainda a referência conservadora sobre a falta de compromisso dos moradores das favelas com as regras determinadas pelo Estado, tais como o respeito à propriedade, o pagamento de taxas e impostos, comportamentos morais inadequados aos padrões dominantes na 'cidade formal' e outros juízos similares.

O elemento hegemônico nas representações históricas das favelas era a falta de (re)conhecimento de qualquer qualidade na vida cotidiana desses espaços. Mais importante, os seus moradores eram invisibilizados no conjunto da cidade, vistos como seres funcionais, que cumpriam os seus papéis de formas plurais[3].

Uma visão alternativa a essas percepções se revelou, em determinado momento da história carioca, em particular, na valorização da cultura popular – fosse na manutenção de práticas culturais que remetiam ao mundo rural ou, especialmente, na popularização do samba e ritmos afins. O limite nesse tipo de juízo e de relacionamento entre os grupos favelados e alguns grupos sociais das partes mais ricas da cidade é que se sustentava em uma visão quase idealizada do espaço popular. Visão essa que ignorava a dinâmica política e social local, além de não buscar contribuir para a construção de caminhos possíveis à superação das condições sociais, econômicas e estruturais existentes. A exotização do espaço favelado predominava sobre o reconhecimento do direito ao exercício pleno da cidade de seus moradores.

---

[3] Uma expressão melancólica desse juízo revela-se quando os livros, filmes e depoimentos vários sobre as décadas de 1950 e 1960 fazem alusão à iniciação sexual dos meninos de classe média pelas empregadas domésticas. Essa naturalização do processo remete ao uso das escravas como objetos sexuais dos senhores, sem passagem por qualquer vínculo afetivo.

A visibilização das favelas e de seus moradores poderia ter acontecido a partir das lutas sociais desenvolvidas a partir da década de 1980 por diferentes grupos comunitários. Eles buscavam garantir o direito a equipamentos sociais e serviços urbanos, além do devido respeito no âmbito do direito à moradia e à segurança pública. Todavia, o que dominou o imaginário, ainda de forma exótica e sem noção da dimensão que viria a assumir, foi o processo de controle dos espaços favelados pelos grupos de traficantes de drogas.

Desde as históricas guerras entre "Zé Pequeno" e "Manuel Galinha" – retratada no *blockbuster* "Cidade de Deus" – e entre "Jorge Negão" e os "Irmãos Metralha", em Nova Holanda, na Maré, dentre outras disputas territoriais, as favelas passaram a ser dominadas por um fenômeno até então desconhecido na cidade: o poder dos grupos criminosos armados. O tráfico de drogas, organizado inicialmente através da Falange Vermelha, depois chamado Comando Vermelho, foi se expandindo e chegando aos espaços populares nos quais se fazia comum a ausência de uma ação reguladora da ordem pública por parte do Estado. No processo, o surgimento de dissidências e grupos criminosos rivais aumentou a disputa por território, a necessidade de ampliar a força bélica, assim como a aproximação dos grupos criminosos com grupos corruptos das forças policiais e do Judiciário.

A década de 1990 foi marcada pela ampliação do poder dos grupos organizados do tráfico de drogas e pela expansão das atividades de um grupo que assumiu grande importância na dinâmica criminosa da região metropolitana do Rio de Janeiro: as milícias. Interpretadas, no início do século XXI, como uma "mal menor" por diferentes agentes públicos e setores da mídia, as milícias são grupos dirigidos por integrantes das forças de segurança – policiais militares, civis, bombeiros militares e agentes penitenciários[4]. Seus integrantes passaram a ser

4 O Observatório de Favelas cumpriu um importante papel de denúncia dos grupos milicianos e de afirmação dessa denominação a partir de uma pesquisa longitudinal realizada com 200 adolescentes empregados no tráfico de drogas. A divulgação da pesquisa e da denominação em um caderno especial do jornal "Extra" reforçou o nome do grupo e de seu caráter criminoso. A realização da Comissão Parlamentar de Inquérito da Assembleia Legislativa do Rio de Janeiro sobre as milícias, presidida pelo deputado Marcelo Freixo, funcionou como um importante instrumento de pressão sobre as forças de segurança para reprimirem esses grupos.

visibilizados especialmente a partir de 2007, quando começaram a ser reprimidos pelo então novo governo estadual[5].

Existem outros grupos criminosos de peso no Rio de Janeiro, tais como os "banqueiros do bicho", que controlam várias atividades ilegais, em especial o videopôquer, e os grupos de extermínio, mais ativos até a década de 1990. Todavia, os traficantes de drogas e, mais recentemente, os milicianos passaram a dominar o imaginário da cidade devido ao peso do uso das armas para controlar o território e sua presença mais ostensiva no cotidiano dos espaços populares e da imprensa.

A primeira década do século XXI foi dominada, então, pelo contínuo processo de visibilização do que definimos como "Grupos Criminosos Armados" (GCAs)[6]. Esses grupos são núcleos ou redes criminosos que atuam em atividades econômicas ilícitas, extorsivas e/ou irregulares a partir de uma base territorial específica. O controle das suas atividades se sustenta na coação – especialmente pelo uso de armas de fogo – e elas se distribuem em setores múltiplos: ligação irregular de TV por assinatura ("gatonet"), transporte irregular, segurança privada, monopólio da venda de produtos específicos etc. – e na capacidade de oferecerem um determinado nível de segurança cotidiana ao morador.

Com efeito, os grupos criminosos se legitimaram nos territórios populares a partir da capacidade de regularem a ordem pública. A incapacidade (ou desinteresse) das forças de segurança do Estado para garantir, historicamente, uma presença regular nesses territórios permitiu que os GCAs construíssem um processo privado de regulação do espaço público, reprimissem os crimes contra o patrimônio dos moradores e afirmassem o monopólio do 'direito de matar'. Desse modo, eles se legitimaram como os ordenadores das práticas coletivas locais. Esse é o contexto e cenário que as forças de segurança do Rio de Janeiro, através das Unidades de Polícia Pacificadora, vêm buscando superar.

---

5 O principal fator responsável pela ação repressiva foi a tortura realizada por milicianos da favela do Batan, da Zona Oeste, a repórteres do jornal "O Dia", que faziam uma reportagem sobre o grupo.

6 Cf. SILVA, J.; BARBOSA, J. . *Favela. Alegria e dor na cidade*. Rio de Janeiro: SENAC/X- Brasil, 2005.

Unidades de Polícia Pacificadora: consequências possíveis para os moradores das favelas cariocas

A ação das forças de segurança nas favelas cariocas, desde a década de 1980, foi marcada por uma lógica bélica crescente. A intenção era reprimir o acesso dos usuários de drogas aos produtos ilegais através da repressão aos traficantes varejistas das favelas. Nesse processo, a violência letal triplicou, aumentou a corrupção policial e do sistema judiciário, o uso de armas de alto calibre se difundiu, aumentaram a sensação de insegurança em toda a cidade e as situações de violência policial contra os moradores das favelas. Especialmente, as iniciativas bélicas não inibiram o controle territorial desses espaços por parte dos grupos criminosos. A maior expressão do equívoco da estratégia esteve no fato de que todo o esforço e recursos despendidos, além das perdas derivadas, não provocaram impacto algum sobre o comércio de drogas ilegais. Pelo contrário, o Brasil – com destaque para o Rio de Janeiro – se tornou um território de importância no comércio internacional de drogas, como mercado de consumo e como rota do tráfico.

O mais grave de todo o processo assinalado é que a ação bélica das polícias nas favelas e periferias passou a ser naturalizada e vista como inevitável. Do mesmo modo, o imenso número de mortos – de jovens, quase sempre negros, identificados como criminosos, de moradores sem vínculos com o crime e de policiais – passou a ser considerado parte intrínseca à política de repressão indiscriminada ao tráfico de drogas. Um imenso custo de vidas, de perdas econômicas e sociais tornou-se o legado da 'guerra às drogas'.

O paradoxo é que, mesmo nesse quadro de perdas dantescas, os grupos sociais dominantes continuavam a afirmar a inevitabilidade da estratégia e a importância de que fosse mantida. Essa posição, para diferentes especialistas no estudo da violência no Rio de Janeiro e no país[7],

[7] Cf. documentário "Até quando?", dirigido por Belisário Franca e produzido pelo Observatório de Favelas, em 2005, que analisa a estratégia de 'guerra ao tráfico' promovida no Rio e no Recife.

derivava, acima de tudo, do temor dos setores dominantes de que a "favela descesse o morro" e provocasse o caos na cidade[8]. Nada mais representativo do histórico sentimento de racismo, discriminação e, principalmente, desumanização dos pobres. De forma especial, a situação de violência nas favelas e a violência policial contra os seus moradores tornaram-se naturalizadas pela grande mídia e apresentadas de modo tal que não impactavam os leitores/espectadores cotidianos.

O processo crescente da violência tem sido denunciado há muitos anos por grupos de defesa dos direitos dos cidadãos, assim como por estudiosos da área de segurança pública e movimentos comunitários. Com exceção da curta experiência liderada por Luiz Eduardo Soares na Secretaria de Segurança do governo Garotinho, em 1999[9], não houve mudança do paradigma de enfrentamento bélico, fragmentário e pontual aos grupos de traficantes de drogas durante longos anos. Destacamos os grupos de traficantes, porque os milicianos nunca enfrentam de forma direta a polícia, visto que, como demonstraram as prisões feitas pelas forças policiais a partir de 2008, elas são dirigidas por integrantes das forças de segurança, que evitam enfrentar os colegas de farda. Além disso, é forte no discurso dos milicianos a ideia de que são defensores das comunidades populares contra o tráfico de drogas e, por isso, não poderiam enfrentar a polícia.

As críticas de especialistas no tema, manifestações iradas da população das favelas nas ruas, pressões de organizações internacionais e estudos diversos revelando o fracasso da política de enfrentamento bélico não surtiram

---

8 O então candidato a prefeito, César Maia, em 1992, soube usar com muita competência esse temor para vencer a disputa eleitoral pela Prefeitura da cidade do Rio de Janeiro contra a então candidata do Partido dos Trabalhadores, Benedita da Silva, oriunda da favela do Chapéu Mangueira, no Leme.

9 A experiência do coronel Nazareth Cerqueira à frente do comando da PM durante os dois governos de Leonel Brizola (1983 a 1986 e 1990 a 1994) não foi centrada no combate ao tráfico de drogas, mas na tentativa de construir outras formas de policiamento, com base no respeito aos direitos humanos do conjunto dos cidadãos. De qualquer forma, sua rica e profunda formulação foi a referência maior para um conjunto de estratégias de segurança com cidadania no país, tanto a proposta por Luiz Eduardo no Rio de Janeiro, como a efetivada na Secretaria Nacional de Segurança Pública (SENASP) no início do primeiro governo Lula (2003 a 2006).

efeito até 2008. O ponto culminante da política de segurança tradicional foi a ação coordenada entre o governo estadual e o governo federal no Complexo do Alemão, uma das maiores favelas do Rio de Janeiro, em junho de 2007. Na invasão policial, destinada a reprimir o tráfico de drogas na região, foram mortas, oficialmente, 19 pessoas, além de dezenas de feridos e um grande número de denúncias de violação dos direitos básicos dos moradores. O fracasso da operação e o imenso repúdio social que gerou demonstraram, de forma cabal, o insucesso do modelo de enfrentamento até então vigente.

Quase um ano depois, em maio de 2008, milicianos que dominavam a favela do Batan, na Zona Oeste da cidade, torturaram dois repórteres e um motorista do jornal "O Dia", que faziam uma matéria sobre a atuação cotidiana do grupo. O evento desvelou o caráter criminoso da milícia e rompeu com a complacência de amplos setores da mídia com suas atividades. A partir daí, foi instaurada a "CPI das milícias" na Assembleia Legislativa, sob a presidência de Marcelo Freixo, deputado com uma longa história de luta pelos direitos humanos. Em função disso, pela primeira vez na história recente do Rio de Janeiro, foi efetivada a perseguição dos principais membros daquele grupo criminoso[10].

No processo de revisão da estratégia de segurança pública no Rio de Janeiro, foi implantada, em dezembro de 2008, a primeira Unidade de Polícia Pacificadora em uma favela carioca, a Santa Marta. Localizada no coração da Zona Sul, área mais rica da cidade, a pequena comunidade, com cerca de 5.000 pessoas, é famosa tanto por sua arquitetura original – que dá a impressão de que se projeta no espaço – como pelo fato de ter funcionado como locação para a gravação de um vídeo de Michael Jackson. Nessa ocasião, provocou escândalo na mídia o fato da equipe de produção (do cantor) ter solicitado – e conseguido – a autorização do então chefe do tráfico local, Marcinho VP[11], para realizar o trabalho.

---

[10] A prisão e cassação dos mandatos do vereador Jerônimo Guimarães Filho, o Jerominho, e de seu irmão, o deputado estadual Natalino Guimarães, foram os elementos mais significativos do enfrentamento aos principais grupos milicianos cariocas, que tiveram seus líderes mais visíveis presos a partir de 2008.

[11] A história de Marcinho VP foi registrada no livro "Abusado: o dono do morro Dona Marta", de Caco Barcelos, de 2004.

A partir de então, a expansão das UPPs foi acelerada nas favelas da Zona Sul: Tabajaras, Cabritos, Chapéu Mangueira, Babilônia, Cantagalo, Pavão e Pavãozinho. A favela do Batan, em função do impacto da tortura aos jornalistas e a Cidade de Deus, em Jacarepaguá, foram as únicas áreas ocupadas em outra região da cidade até 2010. A primeira, por causa da violência contra os jornalistas e a segunda, aparentemente, em função do impacto do filme "Cidade de Deus". Em junho de 2010, a expansão das UPPs atingiu a Grande Tijuca – Borel, Formiga, Chácara do Céu, Turano, Salgueiro, Andaraí, Macacos e São João. Nos anos seguintes, as forças de ocupação chegaram ao Alemão, Penha, Mangueira, Rocinha e Vidigal, dentre outras de menor porte.

As Unidades de Polícia Pacificadora têm como referência de origem a experiência de policiamento comunitário afirmada nos EUA – sendo Boston a principal referência; Medellín e Bogotá, dentre várias cidades, são também exemplos que deram respostas inovadoras à questão da violência criminal. O primeiro passo da estratégia é a ocupação da favela por forças do Batalhão de Operações Especiais (BOPE), com apoio eventual das Forças Armadas. Em geral, os órgãos de segurança não sofrem resistência dos grupos criminosos. Garantida a ocupação, é estabelecida uma unidade especial com número variável de policiais, de acordo com a população da comunidade. O comando é entregue a um capitão da Polícia Militar e os soldados são policiais recém-incorporados à instituição, como um meio de evitar vícios e redes de corrupção tradicionalmente existentes na Polícia Militar.

Uma demanda constante, verbalizada de forma recorrente pelo secretário de Segurança, Mariano Beltrame, e pelas organizações comunitárias, era que a ocupação policial fosse acompanhada de ações sociais e de desenvolvimento econômico, além da criação de mecanismos de controle social das forças policiais pela população local e por instituições comprometidas com a democracia e com o exercício pleno da cidadania.

Nessa perspectiva, a partir de abril de 2010, a Secretaria Estadual de Assistência Social e Direitos Humanos recebeu da parte do governador do estado a responsabilidade de coordenar o processo de implantação de um conjunto de políticas de desenvolvimento nas favelas ocupadas pelas UPPs. A meta seria oferecer serviços e equipamentos básicos, criar uma melhor ambiência econômica, estabelecer canais de mediação de conflitos, de participação coletiva e de controle social da ação estatal e construir meios que eliminassem as fronteiras simbólicas e materiais entre as favelas e o restante da cidade, dentre outras tarefas.

Ao fim daquele mesmo ano, o governo revelou o seu descompromisso com essa demanda, transferindo para âmbito do município a responsabilidade pela oferta desse tipo de política. Relegada a um papel secundário também nessa esfera governamental, sem ocupar um papel estratégico e sem poder político, a UPP Social perdeu peso político, capacidade de intervenção e tornou-se um programa menor, sem reconhecimento por parte das forças de segurança, dos grupos locais e das organizações da sociedade civil.

Em que pese esse limite no sentido de produção de uma intervenção global no território das favelas, o sucesso da iniciativa policial é expressivo, tanto diante dos grupos dominantes da cidade – mídia, associações empresariais, organizações do terceiro setor e setores médios – como nas áreas populares. As críticas de setores mais radicalizados dos movimentos sociais e de alguns grupos comunitários têm sido mais em função de problemas no relacionamento cotidiano dos policiais com moradores – em especial os jovens – do que por críticas aos objetivos gerais do programa.

Outro tipo de crítica característica deve-se ao fato da polícia continuar, nas outras áreas da cidade, a ter o enfrentamento bélico com o tráfico como centro da estratégia de ação. O fato reforça mais ainda a percepção de que a estratégia de policiamento comunitário característico das UPPs é o único caminho possível, na atual conjuntura, para superar a crise aguda de segurança do Rio de Janeiro. Mais do que isso: a experiência vem se tornando um modelo para os grandes centros urbanos, como forma de deter a perda do controle de parcelas significativas do território da cidade para os grupos criminosos.

A razão do sucesso da estratégia policial é facilmente explicável: as UPPs representam a possibilidade de romper com a privatização da soberania, quer dizer, a capacidade de regular a ordem pública da cidade por grupos criminosos. No caso do tráfico de drogas, esse domínio é efetivado por jovens sem noção de limites fundamentais no sentido de respeito ao direito do outro, ao espaço público, à vida alheia e a normas básicas de civilidade. Um território no qual se perdem as condições de ser organizado a partir de regras básicas de convivência, tendo em vista que o desejo do chefe do grupo é o que define os limites das práticas sociais – ou a ausência deles.

A UPP é a expressão da ordem do poder estatal, do poder policial, o sentimento de que a paz se faz presente, tendo em vista a eliminação da lógica do confronto que a própria polícia alimentava e da disputa territorial por grupos inimigos. A eliminação do armamento ostensivo é outro fator que auxilia no sentimento de pacificação, do mesmo modo que a ampliação do direito de ir e vir dos moradores.

De fato, a ocupação policial permite que os moradores das favelas tenham acesso a um direito básico para o seu cotidiano: a segurança de que não terão o seu cotidiano invadido pela presença da morte súbita, pela violência contra suas casas e pelo poder autoritário de um criminoso – embora o mesmo não possa ser dito em relação ao autoritarismo policial. Diante do exposto, fica evidente a importância das UPPs no cenário político e social carioca. Ela abre possibilidade para um novo caminho nas relações estabelecidas entre as forças estatais e amplos setores da cidade com os territórios favelados.

O sucesso da nova experiência policial, todavia, pode trazer alguns problemas centrais para o equilíbrio social das favelas e garantia de permanência da população original no território local – riscos esses que não são triviais. O primeiro deles deriva do fato da presença policial colocar em questão os aspectos mais característicos da **informalização** do espaço favelado. Esse fenômeno se revela na falta de ordenamento do espaço público, na ausência de normas legais para a realização de obras e para o funcionamento das atividades econômicas, na ausência de pagamento de impostos e taxas, nas ligações clandestinas de energia elétrica e das TVs por assinatura etc.

Nesse caso, a ação repressiva da polícia em relação ao "gatonet", a exigência da concessionária de energia de que o pagamento seja efetivado de acordo com os valores vigentes no conjunto da cidade, a cobrança de regras formais para o funcionamento do comércio e das obras e demandas análogas fazem com que o custo de vida nas favelas cresça de forma acelerada sem o correspondente aumento de renda da população.

Esse processo de intervenção é profundamente complexo. Obviamente, é necessário que as favelas sejam incluídas de forma integral ao conjunto da cidade e que seja exercida em seus territórios uma regulação da ordem pública nos mesmos termos dos bairros. Isso significa construir padrões de ordenação territorial que mudam drasticamente as formas históricas que permitiram aos seus moradores edificar a localidade.

Por outro lado, dados de diferentes institutos de pesquisa[12] demonstram que a pobreza na zona metropolitana do Rio de Janeiro, excluindo-se a capital, é maior do que nas favelas cariocas. Esse dado cria dificuldades para a afirmação de políticas exclusivas e universais para os territórios populares da cidade – tais como isenções tributárias de taxas e de regras formais para as atividades comerciais. Nesse caso, a situação de violência criminosa que domina as favelas não pode ser utilizada como único argumento para uma política localizada de desenvolvimento social, econômico e ambiental.

As práticas materializadas pelos moradores das favelas, por sua vez, foram fundamentais para afirmar o seu acesso a serviços básicos, em geral negados pelo Estado ou pelas empresas formais[13]. Essas formas e estruturas originais permitiram a construção de uma territorialidade que pode ser definida a partir do conceito de **morada**.

O Observatório de Favelas, em sua reflexão sobre o território da cidade, vem discutindo esse conceito. A partir de formulações primeiras de Jorge Luiz Barbosa, vimos buscando construir o argumento de que nos territórios das favelas, por razões já afirmadas, criam-se vínculos e

[12] O Instituto de Pesquisa Econômica Aplicada (IPEA), em particular, tem uma série de estudos sobre a pobreza no Rio de Janeiro por região, com destaque para os indicadores das favelas. Disponível em www.ipea.gov.br.

[13] A NET, por exemplo, teria a obrigação de 'cabear' a cidade toda em um prazo específico. Em momento algum, entretanto, ela foi punida por não se dispor a levar os seus serviços para os territórios mais pobres da cidade ou criar pacotes especiais para os grupos sociais com menor poder aquisitivo, mas que também têm direito a alternativas no âmbito dos serviços televisivos. Da mesma forma, com exceção da Rocinha – cujas agências têm a mesma rentabilidade das presentes em outros bairros –, nenhuma grande favela carioca teve, durante décadas, uma agência bancária, mesmo dos bancos públicos, apesar dos reiterados pedidos de várias organizações comunitárias, tendo em vista a vasta rede econômica presente nos grandes complexos de favelas. O fato contraria a lógica econômica e mostra o peso dos preconceitos em relação aos espaços favelados.

práticas sociais/identitárias. Desse modo, o espaço da morada vai além das lógicas usuais de espaços de reunião de indivíduos autônomos e individualizados. A convivência cria práticas, códigos comuns, diálogos, conflitos e interlocuções que geram a afirmação do território como um lugar marcado por uma cultura específica que, por sua vez, se constrói através da interação intensa entre a subjetividade do sujeito e uma específica objetividade do espaço local.

O reconhecimento das favelas como espaços específicos de **morada** não significa o desconhecimento de que elas são um dos elementos de constituição da cidade do Rio de Janeiro. Nesse sentido, não existe uma identidade carioca independente das favelas – e vice-versa. Pelo contrário, a cidade tornou-se uma referência nacional e internacional também em função do peso arquitetônico, cultural e social dos seus espaços favelados. A garantia dessa riqueza paisagística e dessa pluralidade cultural é central para o Rio de Janeiro. Ao mesmo tempo, é necessário eliminar as fronteiras simbólicas e físicas que se apresentam entre as favelas e os bairros do seu entorno – o que não significa negar ou buscar eliminar as especificidades dessas localidades. As ações complementares e profundas são condições básicas para que a cidade do Rio de Janeiro se torne um território cada vez mais sofisticado e democrático no que concerne à vida contemporânea, à construção de novas possibilidades de utopia social e de convivência humana.

A argumentação acima se reveste de importância pelo fato das UPPs terem sido instaladas, prioritariamente, nas áreas que são polos de riqueza da cidade ou em suas franjas – isto é, territórios muito valorizados, em especial, pelo mercado imobiliário. Sem esses limites, esses espaços se tornam abertos à lógica do mercado, que não se caracteriza pelo compromisso com a **morada**, mas com a transformação do espaço em mercadoria e, no caso das áreas nobres, em mercadorias de distinção social.

Logo, a UPP é fundamental por ser a principal política, em toda a história da cidade, de garantia dos direitos fundamentais à vida, à liberdade e do direito de ir e vir dos moradores das favelas. O que vem depois dela, todavia, tem que ser amplamente debatido.

Se as forças sociais e estatais não reconhecerem o pressuposto de que as favelas são espaços coletivos de **morada**, se as favelas forem vistas apenas como espaços residenciais de indivíduos, desconsiderando-se os seus vínculos com o seu território, se o mercado tiver o direito de agir livremente nesses espaços e esses passarem a ser regulados não mais através da força das armas, mas do capital; nesse caso, as UPPs terão se revelado o "cavalo de Troia" das favelas existentes, especialmente nas áreas mais valorizadas da cidade. Elas conseguirão destruir o que o Estado nunca conseguiu fazer, muito menos o poder criminoso armado: a riqueza de experiências, de inovação, de criatividade, de construção de formas alternativas de se viver a cidade.

Com isso, teremos uma cidade ainda mais marcada pela segregação, pela fragmentação e pela impossibilidade física de convivência dos socialmente diferentes. Além disso, será piorada, de forma profunda, a qualidade de vida daqueles que moram hoje nas favelas da cidade. E cabe ainda considerar os inevitáveis malefícios em termos de política de transporte se a mão de obra que hoje trabalha nas áreas mais ricas da cidade tiver que se transferir para outros espaços bem mais distantes das áreas centrais.

Isso será muito provável se os órgãos estatais se sentirem no direito de, agora que o poder das armas foi eliminado de forma mais visível, estabelecer de forma imediata as mesmas regras dos bairros da cidade para as favelas – seja no campo das construções de moradia, no licenciamento e legalização dos negócios locais ou na cobrança de tributos – e/ou se as empresas públicas e privadas se sentirem no direito de cobrar as mesmas tarifas cobradas no conjunto da cidade. A expulsão 'invisível' ocorrerá em grandes proporções e, se for de maneira abrupta, a tendência daquelas localidades é a de terem transformado o seu perfil social, com a substituição dos mais pobres por moradores com um maior padrão aquisitivo.

A medida preventiva, nesse caso, é a construção de processos progressivos e focalizados que se articulem com ações de proteção aos moradores que não tiverem condições de cumprir as regras formais imediatamente. Cabe, nesse sentido, a construção de diagnósticos profundos sobre as populações das favelas, de modo tal que seja possível criar subsídios, de variadas ordens, para aqueles que efetivamente necessitam de um apoio público regular para se manterem no território de origem. Do mesmo modo, cabe avançar na elaboração de propostas criativas do ponto de vista tributário para os empreendedores locais, de modo a se estimular um ciclo virtuoso de desenvolvimento econômico.

A questão da regularização fundiária ainda é a principal preocupação em relação às favelas nas áreas ricas do Rio de Janeiro. O título de propriedade é um direito fundamental do cidadão, de modo que ele possua o direito de ter estabilidade e a certeza de que não será retirado de sua casa por uma ação qualquer de um governante de plantão. Essa premissa é central e deve ser respeitada.

Cabe salientar, todavia, que o sentido primeiro, premissa na constituição das favelas, foi sua crítica prática, radical e profunda, ao direito tradicional de propriedade. Mais do que valor de troca, a terra foi afirmada como valor de uso, em sua função social. A partir dessa premissa é que as favelas localizadas na Zona Sul principalmente sobreviveram às pressões de múltiplas forças conservadoras que buscaram removê-las, inconformadas com a violação à noção básica do espaço como uma mercadoria de alto valor. Ignorar esse princípio de origem no processo de regularização fundiária significaria transformar o espaço favelado em valor de troca nos termos tradicionais do mercado, como se essa fosse a única possibilidade.

Sabemos que, no processo de consolidação, a propriedade familiar nas favelas se tornou uma mercadoria de fato, com o detalhe de ser uma mercadoria 'informal', transacionada entre sujeitos com as mesmas características sociais e, principalmente, econômicas, em grande medida. Os instrumentos de venda e de compra passaram a ser regulados, em geral, pelas associações de moradores, a partir de inscrição na instituição e/ou com documentos cujas firmas dos contratantes são reconhecidas em cartórios.

Nesse contexto, então, as deficiências na oferta de serviços e equipamentos, o temor dos grupos criminosos armados e, em função das características sociais dos moradores e do espaço local, o preconceito e a discriminação paradoxalmente permitiram que a favela se tornasse um efetivo espaço alternativo de morada popular nas áreas mais valorizadas da cidade.

O fato não impediu, como é sabido, que um ousado empresário alemão adquirisse dezenas de casas no morro do Vidigal. Tal iniciativa foi bloqueada por órgãos municipais, a partir de argumentos *ad hoc*, sem um princípio geral ou critérios objetivos que buscassem nortear o processo de compra e venda de residências nas favelas. A única razão para que esse processo pudesse ser bloqueado, considerando os padrões legais formais, era o fato das casas não terem o devido título de propriedade. Recentemente, esse processo foi retomado com vigor na localidade. O que o dificulta, paradoxalmente, é o fato de muitos moradores estarem pedindo por suas casas preços ainda considerados fora da realidade do que deveria ser esse mercado para os que tentam chegar à favela. Até quando isso ocorrerá? Até quando a favela do Vidigal resistirá com suas características populares? E as outras?

O que estamos discutindo é profundamente complexo, bem sabemos, pois mexe com questões como os direitos individuais, os direitos de propriedade, os direitos coletivos e difusos. Mas já existem instrumentos na cidade para regularizar o processo de aquisição e transformação dos lugares. As normas definidas nas Áreas de Proteção ao Ambiente Cultural (APACs) pela Prefeitura do Rio de Janeiro buscam garantir a memória da cidade, evitando que os interesses de mercado destruam lugares com identidades específicas.

É possível pensar as favelas da Zona Sul e da Grande Tijuca como Ambientes Culturais específicos? Acredito que sim. Nesse caso, elas devem merecer uma proteção especial, de modo a não serem destruídas pelos interesses do mercado imobiliário especulativo. Muitas saídas podem ser buscadas nessa direção. Só não é possível assistir passivamente ao provável processo de destruição das experiências de territórios populares que resistiram nas áreas mais ricas da cidade.

As Unidades de Polícia Pacificadora abrem uma nova conjuntura na realidade social e econômica do Rio de Janeiro. Estamos, portanto, diante de profundas mudanças nas formas possíveis de ordenamento territorial em espaços importantes da urbe. Cabe ao poder público, às organizações da sociedade civil, às universidades, às associações empresariais conscientes da importância do desenvolvimento sustentável e aos moradores das favelas se articularem para que as boas notícias e as novas práticas sinalizadas na ação policial das UPPs redundem em um processo de desenvolvimento profundo e duradouro a ser apropriado, de fato, pelos moradores das favelas cariocas e pelo conjunto da cidade. Essa é a tarefa que cabe a todos nós.

Jorge Luiz Barbosa

Território e cultura na metrópole

O sucesso de uma política pública para superação das desigualdades sociais, sobretudo as presentes em nossas metrópoles, só será possível quando ela abrigar uma política cultural que incorpore a diversidade da vida social dos espaços populares. Não podemos mais nos conceber cidadãos plenos enquanto vivemos divididos em lugares de supremacia cultural e lugares subalternizados, simplesmente porque esses últimos não trazem um legado cultural hegemônico ou representam uma contracorrente ao mercado criado pela indústria cultural. O presente artigo tem a pretensão de colocar em tela caminhos possíveis para pensar a metrópole como uma possibilidade de encontros generosos, fraternos e solidários entre diferentes: uma metrópole inteiramente outra.

A territorialidade dos processos de identificação sociocultural

Cada grupo social é portador de signos de referência e códigos sociais inseridos em determinados territórios. Podemos dizer, então, que o território é um espaço/tempo demarcado por intencionalidades e ações humanas, cujas identidades possuem fluxos de correspondência e intensidades plurais, principalmente no tocante à afirmação individual e de grupos na sociedade urbana.

Milton Santos (2002) coloca em tela a dimensão territorial da identidade como argamassa das dimensões simbólico-culturais do ser. O território é simultaneamente suporte material e referencial simbólico para construção/afirmação de identidades culturais: "(...) O território é o fundamento do trabalho, o lugar da residência, das trocas materiais e espirituais e do exercício da vida" (SANTOS, 2002, p. 10).

Não há dúvida de que reconhecemos a identidade como um processo cultural, correspondendo aos movimentos de afirmação existencial e das respostas ao significado de valores, hábitos, costumes, artefatos, enfim, um modo de ser e agir no mundo de indivíduos e coletivos sociais. A identidade é, portanto, uma linguagem com a qual edificamos o campo de nossas relações com o outro, de nossas posições sociais e de nossas referências de ser no mundo.

Para Lévi-Strauss (1977), a identidade é uma espécie de morada virtual à qual nos é indispensável referir para explicar um certo conjunto de relações materiais e imateriais, mas sem que ela tenha jamais uma existência real. Entretanto, os indivíduos e grupos sociais exigem referências concretas para o sentimento identitário, sejam eles um sistema de valores, uma memória coletiva ou uma tradição inventada. Por outro lado, esses mesmos referenciais fundantes do sentimento de identificação encontram sua morada no território, como extensão desses mesmos valores, memórias e tradições criados por indivíduos, grupos e classes em sociedade.

Portanto, há uma coabitação de signos, de práticas e de sujeitos sociais, no tempo/espaço demarcado em função de concepções, saberes e fazeres. Isso não significa dizer que o território é o abrigo categórico ou uma entidade estanque de uma subjetivação fechada em si mesma, mas sim, como aludimos, é um conjunto complexo de práticas, representações e sujeitos que se projeta sobre a sociedade como um todo, criando sua identificação sociocultural.

Compreendemos como identidade sociocultural o estabelecimento de relações de pertencimento entre o mundo individual e o mundo público, a partir do qual internalizamos valores e práticas que alinham a nossa subjetividade ao lugar que ocupamos na sociedade: o **eu** constituinte e constituído de seu sujeito plural **(nós)**.

Para tanto, o uso do território se torna fundamental, uma vez que significa uma mediação entre o **eu** e o **nós**. Trata-se de ordenação de forças e modos existenciais que se remetem aos atributos que lhes são comuns, constituindo uma identificação que privilegia determinadas mediações concretas e simbólicas. Desse modo, definimos valores, estabelecemos juízos, elegemos referências, construímos hábitos e instituímos narrativas que, no seu amálgama humano, nos confere o sentimento de pertencer a um grupo cultural e distinguir esse mesmo grupo dos demais.

Contudo, as identidades não se fazem a si mesmas. A dimensão territorial da cultura conduz ao encontro, à interseção e à mobilização das trocas como possibilidade de construção e afirmação de identidades. Assim, a identidade cultural firmada territorialmente não se refere exclusivamente à fixidez e à estabilidade de práticas, o que denotaria uma concepção pragmática, narcísica e homogeneizante da cultura.

Em outros termos, a relação identidade/alteridade é fundamental na construção da cultura como herança e projeto, pois encaminha práticas de aproximação entre o Mesmo e o Outro. Reside nesse debate a qualidade da criação cultural, sua potência afirmativa de sociabilidades generosas e sua virtualidade cognitiva da realidade em que vivemos. Nesse processo, é possível romper com configurações discricionárias de manifestação localista e privada da produção da cultura e do uso do território, pois o diferente é portador de significação social, uma vez que traduz tensões, acomodações e mudanças no âmbito do vivido dos iguais.

A cultura como diversidade de signos impressos no território

A cultura é sempre diversa, dinâmica e plural. Multiplicam-se pela cidade os signos impressos nas falas, nos gestos, nas roupas, na música, na dança. Eles reportam as moradas dos grupos sociais e, consequentemente, a condição de cada um na sociedade.

Porém, isso tem significado, em larga medida, nas posições de privilégio ou não na escala de valores e de práticas hegemônicas no espaço metropolitano. Resulta desse processo a 'distinção' de territórios que, por sua vez, reduzem e/ou confinam as possibilidades de trocas simbólicas e culturais.

Romper com essa redução sociocultural dos territórios da cidade significa o reconhecimento da legitimidade da presença do outro, da sua atividade criativa e do direito de manifestar as leituras do seu mundo.

Valorizar e respeitar a diversidade de manifestações culturais e artísticas dos moradores dos espaços populares é um ato primordial de construção de uma sociabilidade urbana renovada. Vislumbra-se, com efeito, a ampliação da 'circularidade' de imaginários, de obras, de bens e práticas culturais na cidade sob o primado da comunicação entre próximos e distantes. Afinal, a cultura se torna mais rica quando expandimos as nossas trocas de imaginários, de saberes, de fazeres e convivências:

> A riqueza de formas das culturas e suas relações falam bem de perto a cada um de nós, já que nos convidam a que nos vejamos como seres sociais, nos fazem pensar a natureza dos todos sociais de que fazemos parte, nos fazem indagar das razões da realidade social de que partilhamos e das forças que as mantêm e as transformam (SANTOS, 1994, p. 9).

A cultura é uma das dimensões na qual o homem encontra o mundo e se vê. Essa possibilidade cognitiva das formas da cultura está intimamente associada às condições da pluralidade de suas inscrições territoriais. Não há dúvida de que ainda podemos identificar manifestações culturais que remontam a diferentes épocas e se fazem representativas da acumulação de experiências humanas. Isso significa a criação de linguagens particulares de rememoração e atualização de acontecimentos, ideias, crenças, mitos, práticas, artefatos, costumes, hábitos; **são falas dos territórios** que costuram o tecido denso do existir dos seres humanos e permitem que nos vejamos como fazendo parte de uma complexa realidade social.

Esse debate nos remete à necessária superação das desigualdades sociais, pois elas não dizem respeito exclusivamente aos aspectos econômicos, como distribuição de renda, emprego ou consumo. Estão, sim, expressas em outras condições de existência social: na escolarização, na habitação, na saúde e no acesso aos bens e equipamentos culturais.

A distribuição espacial de equipamentos e bens culturais na cidade do Rio de Janeiro é um forte retrato das desigualdades sociais. Há uma grande concentração de teatros, cinemas e espaços culturais no centro da cidade e nos bairros da Zona Sul. Entretanto, nas grandes favelas cariocas – Maré, Alemão, Rocinha – não encontramos nenhum investimento público de porte no âmbito da arte e da cultura.

Voltemos ao tema da inflexão territorial das políticas públicas, pois é impossível conceber e aceitar a concentração desmedida na distribuição de bens e equipamentos culturais, especialmente os criados pelo poder público. Então, são urgentes e inadiáveis investimentos diretos nos espaços populares. A Maré, a Rocinha e o Alemão reúnem um conjunto de comunidades que não pode permanecer sem espaços culturais, como cinemas, teatros e casas de cultura. Tais investimentos seriam de extrema importância em termos educacionais, artísticos, sociais e, inclusive, no tocante à segurança pública, pois podem significar transformações nas condições de existência não só das favelas, como também dos demais bairros vizinhos.

Por outro lado, são muitos os projetos que aportam nas favelas carregados de preconceitos. Os mais recorrentes são os que pretendem "tirar os jovens do domínio do tráfico de drogas", como se todos eles fossem potencialmente violentos e criminosos. Projetos dessa natureza já não possuem um bom começo, pois partem de estigmas em relação às crianças e aos jovens das favelas.

Na contracorrente desses projetos estigmatizantes, aparecem experiências de diversos grupos que enfatizam o protagonismo dos jovens.

Através de cursos, seminários e oficinas de arte e cultura, os jovens são orientados e estimulados a criar suas representações de mundo e de si mesmos. Tornam-se autores de seus signos e significados, entram na cena como atores de suas vidas e não como encenados por olhares distantes e distanciados do seu mundo.

É preciso reconhecer que a cidade é produto da diversidade da vida social, cultural e pessoal. Isso significa dizer que a cidade deve ser pensada, tratada e vivida como um bem público comum e não como um espaço de desigualdades. Ela é o encontro dos diferentes, é a expressão da pluralidade de vivências culturais, afetivas e existenciais. Por outro lado, a padronização cultural da vida rouba da cidade a criatividade necessária para inventar a alegria e a felicidade, enquanto a homogeneização das práticas socioculturais enfraquece o significado do conviver e do aprender com a presença do outro. Significa dizer, portanto, que é preciso reconstruir a identidade da cidade pelo reconhecimento da diversidade cultural como um valor da existência.

Assim, pensar uma identidade própria e possível da metrópole consiste em reconhecer as favelas, na sua pluralidade e na sua qualidade de espaço produtor da cultura, como territórios legítimos na realização de um projeto de cidade como espaço de direitos e deveres democráticos.

A vida metropolitana como afirmação da diferença

Uma cidade plena e democrática se faz com o entrecruzamento de diferentes expressões da vida. Pressupõe, portanto, encontros de sociabilidades, conhecimentos recíprocos dos modos de viver e respeito aos estilos existenciais que se realizam nos territórios múltiplos que coexistem na metrópole carioca.

Trata-se, portanto, da formulação e execução de políticas públicas capazes de (re)conhecer territórios de múltiplas identidades e representações socioculturais na metrópole. Valorizar a diversidade como princípio de nossa formação identitária, promover encontros entre distantes/diferentes como possibilidade do respeito à alteridade e promover a tessitura de acontecimentos e intervenções artístico-culturais como mediações necessárias à construção das narrativas inovadoras para sociabilidades transformadoras.

É preciso construir outras narrativas, sobretudo através de mapas urbanos do viver, do olhar, do morar, do trabalhar, do conhecer e do sonhar na metrópole. Diferentes territórios precisam ser visitados e desvendados. Territórios invisíveis que exprimem o ingresso no desconhecido de grande parte da população da metrópole, buscando a configuração da diversidade na paginação discricionária de nossa história urbana recente.

Conhecer o outro para reconhecer a complexidade do mundo significa a busca de comunicação. Esse movimento de descoberta é grafado através da fotografia, do vídeo, do grafite, da música, da dança, do canto – produtos estéticos que despertam possibilidades de elaboração de um mapa sensível da metrópole a partir daquilo que lhe é mais recôndito. Ou seja, busca-se a invenção de outra geografia de registros e trocas comunicativas que contribuam para o exercício pleno da cidadania.

A proposta é construir a vida metropolitana tendo como referência atores/autores sociais em seus territórios de identidade, em especial jovens inseridos em diferentes movimentos culturais. Busca-se o encontro de favelas, de periferias, de baixadas, da Zona Norte, da Zona Oeste e da Zona Sul, nos caminhos percorridos pelo outro.

É nesse sentido que podemos falar da intervenção cultural urbana. A narrativa como práxis transformadora, pois se empenhará em aproximar o Mesmo e o Outro. Podemos falar, então, da criação de espaços de representações. Signos, imagens e vivências possibilitarão a tessitura de subjetividades e com elas, certamente, a politização do cotidiano como devir da metrópole.

REFERÊNCIAS BIBLIOGRÁFICAS

LÉVI-STRAUSS, Claude. *L'Identité*. Paris: PUF, 1977.

SANTOS, José Luiz. *O que é cultura*. São Paulo: Brasiliense, 1994.

SANTOS, Milton. O território e o dinheiro. *Território, Terriórios*. Niterói, Programa de Pós-Graduação em Geografia, Universidade Federal Fluminense/AGB, 2002.

Marcus Vinícius Faustini

Os Clóvis inventam o contemporâneo carioca

Em uma sequência do documentário "Carnaval, Bexiga, Funk e Sombrinha", o líder da Turma do Pânico apresenta à câmera o tema dos sete pecados capitais que irá nortear todos os desenhos das fantasias de sua turma. Para representar o tema, eles escolheram os personagens da *Disney*. Segue-se um pequeno plano-sequência, acompanhado da voz em *off* do líder da turma, em que a câmera observa, em vários desenhos pendurados numa corda, as representações dos pecados: para a luxúria, eles escolheram uma *Minnie* em expressão levemente maliciosa e cercada pelos esquilos.

Essas imagens podem parecer, ao juízo de alguns, um forte argumento para caracterizar a prática contemporânea da manifestação dos Clóvis na periferia do Rio de Janeiro como algo de baixa cultura, sintoma da invasão da indústria cultural ou até mesmo algo alienante.

Publicado originalmente na revista Z Cultural, do Programa Avançado de Cultura Contemporânea da Universidade Federal do Rio de Janeiro (PACC / UFRJ).

É um fim de tarde de um final de semana próximo do carnaval e estamos em cima de uma laje onde mais de 30 integrantes da turma acompanham as filmagens. No entorno, Marechal Hermes pode ser vista e reconhecida como subúrbio carioca de pungente significado. Depois que a câmera é desligada, todos os membros da equipe de filmagem são convidados a participar do churrasco do grupo, que se seguiria.

Nessa pequena descrição de um momento do processo fílmico do documentário em questão, reside toda a natureza teórica possível que faz da prática contemporânea da manifestação dos Clóvis na periferia carioca um importante elemento para compreendermos a complexidade de uma cidade muito cantada nos sambas e nas marchinhas de carnaval, mas pouco experimentada fora do eixo Centro-Zona Sul.

Durante nossa pesquisa para iniciar as filmagens, encontramos mais de 70 turmas em atividade que articulam uma expressão estética capaz de pegar elementos da sociedade de consumo (*Disney*, *Nike* etc.) e dar-lhes novos significados, criando também uma dinâmica econômica que envolve várias redes e códigos éticos que se constroem em torno da territorialidade. A capacidade de gerar procedimentos estéticos livres de conceitos limitadores é tão instigante que as turmas criam, sem nenhum constrangimento, seus hinos em cima de bases *funk*.

Minha aproximação e desejo de me relacionar com essa expressão vão além da observação intelectual sobre determinado tipo de manifestação. Nas férias de minha infância, entre as casas de minha avó, no Jacarezinho, das tias, na Baixada Fluminense, e minha própria casa, em Santa Cruz, sempre presenciei as turmas de mascarados que invadiam as ruas e tentavam assustar a molecada, que se vingava cantando que o 'Bate-bola' apanhava de mulher. Com o passar dos anos, comecei a perceber que aquela era uma manifestação desconhecida em grande parte da cidade e que só saía de sua invisibilidade por meio de um processo de criminalização muito presente na mídia durante os carnavais.

Para fazer o filme, adotamos como estratégia uma aproximação com as ações dos personagens e os acontecimentos para dar uma resposta a esse outro olhar jornalístico distanciado, descrito acima, que de maneira bastante nebulosa reduz a prática cultural dos Clóvis a uma dinâmica de vandalismo e descontrole juvenil.

O procedimento que usamos foi a conversa no lugar da entrevista, a observação das imagens que apareciam no lugar de uma tese pré-determinada que busca nas imagens suas justificativas. Por outro lado, no processo de montagem do filme, percebendo a força social e a expressividade estética dos Clóvis e ao mesmo tempo singularidades territoriais que diferenciavam em muitos aspectos as turmas, resolvemos partilhá-lo territorialmente também em seu espaço fílmico.

De Marechal Hermes até Santa Cruz, as turmas vão ganhando diferenças nas estratégias, procedimentos e práticas que obrigam uma possível tarefa de radiografia a ter que ser atenta e não generalizante. Entretanto, o procedimento que acredito ter sido mais importante na construção da diegese do filme foi a utilização do dispositivo de só filmar as turmas durante sua preparação para o carnaval de 2005, e não a inclusão de um intelectual organizando teoricamente a manifestação em qualquer sistema de folclore ou cultura popular.

O que vemos ao longo de todo o filme são os próprios membros das numerosas turmas discorrendo sobre suas práticas, estratégias, afetos e memórias de uma manifestação que tem na emoção uma de suas bases principais.

Dois momentos me parecem importantes para demonstrar esse aspecto da emoção. Durante a preparação da saída da Turma do Cobra, que se esconde dentro de uma garagem para que ninguém veja sua fantasia, a rua vai ficando cheia de moradores da comunidade do entorno. No momento da saída, os quase 100 integrantes do grupo vão para a rua ao som de fogos ininterruptos e batem suas bexigas no chão com uma encenação de fúria que, para desconhecidos, pode ser interpretada como manifestação de violência, mas que toda a comunidade vê como bela e entusiasmante. Isso fica bem definido na voz de uma senhora que passa naquele momento e diz para a câmera: “São os nossos meninos, eu estou muito feliz!”.

O que temos diante de nós é um gesto de significação contemporânea, pois o que vimos flerta diretamente com a ideia de performance muito presente em trabalhos de artistas dos mais instigantes de nossa época.

Outro procedimento bastante interessante e que pode, dessa vez aos olhos de intelectuais insensíveis a essas expressões, provocar um olhar preconceituoso e crítico, é a incorporação de tênis de marca nas fantasias – como *Nike* ou *Adidas* –, em modelos que ao serem molhados expelem imediatamente a água. Eles são agregados à fantasia sem nenhum sentimento de culpa associado a noções como consumismo ou descaracterização da prática cultural em questão. No momento da história do capitalismo em que esse deixa de ser fordista e passa a ser cognitivo, procurando se apropriar e colocar na roda do capital produções imateriais, ver uma manifestação popular evocando algumas das marcas mais importantes desse capitalismo e a sensação imaterial de que ele quer nos render é uma provocação no mínimo interessante. O tênis, nesse momento, deixa de representar sua função primária (calçar) e também sua função na lógica do capital (o reconhecimento como aquele que usa aquela marca) e passa a ser incorporado como mais um elemento da fantasia. É como se os integrantes da turma dessem o seguinte recado: “Esse tênis caro e difícil nós podemos ter em grandes quantidades e podemos usá-lo até em nossas brincadeiras, como quisermos, e não apenas como os comerciais anunciam”.

Esse elemento do tênis somado à enorme quantidade de pano necessária para fazer a fantasia e seu custo total trazem à cena a necessidade de redes e estratégias econômicas que as turmas realizam durante o ano inteiro para produzir a tão esperada saída no sábado de carnaval. É uma rede econômica complexa, com vários atores executando papéis diversificados.

O filme acompanha principalmente o policial Leonardo, que faz pinturas para as fantasias de várias turmas. A sutileza e a sofisticação são tantas que até as máscaras têm pinturas singulares e pessoas específicas que realizam esse trabalho.

A cada carnaval, as turmas estarão presentes nos territórios colocando em questão, com sua prática, a ideia de centralidade e representação da cultura.

Por fim, quero ressaltar a presença das crianças nessas turmas, que, no meio de homens, já ensaiam a continuidade dessa história. O intrigante é pensar que esses meninos, invisíveis para grande parte da cidade e da sociedade, colocam máscaras para serem vistos.

Marcus Vinícius Faustini

Considerações iniciais sobre juventude, cultura e território

O primeiro ponto a ser considerado como um elemento provocador de reflexão na constituição e ação de políticas públicas que potencializem a relação de cultura, território e juventude é a possibilidade de trabalharmos numa nova chave conceitual. Sabemos que na invenção de um campo de luta para a garantia dos direitos culturais e sociais o conceito é determinante.

Durante os anos 1970, a concepção que juntou grande parte dos movimentos sociais e que dialogou com a ideia de juventude foi a de **liberdade**. Nos anos 1990, esse conceito dá espaço ao de **diversidade cultural** como aglutinador das forças que lutam pelos direitos. O uso desses dois conceitos como bandeiras que juntaram diversos atores trouxe importantes vitórias, sobretudo no campo do reconhecimento das identidades e direitos civis.

Entretanto, já no final dos anos 1990, a juventude urbana demonstrava uma complexidade maior e inventava novas práticas de fluxos permanentes e combinações que não encontravam espelho nessas duas concepções e tampouco nas políticas públicas. Movimentos juvenis urbanos que misturavam linguagens de consumo, mas também de expressão estética, começaram a promover um descolamento da ideia fixa de juventude que até mesmo aqueles dois importantes conceitos possuíam.

Isso se adensa nos anos 2000, quando a juventude popular passa a ter uma presença no imaginário para além dos grupos organizados. Assim, acreditamos que, para continuarmos alargando as conquistas com o foco da relação entre juventude, território e cultura na cidade do Rio de Janeiro, uma outra acepção parece ser mais plástica e precisa. Um conceito que não seja operado como síntese ou que tenha a capacidade de explicar a situação, mas sim um que consiga disparar a invenção de um espaço/tempo que potencialize sobretudo a novidade – a capacidade desse jovem, considerado por muitos como inorgânico, de promover invenções de formas de se estar na vida e expressões estéticas.

A ideia de diversidade pressupõe o reconhecimento de grupos, práticas e sistemas de ações já consolidados, ou seja, de grupos identitários que já possuem máquinas expressivas. Chamo aqui de "máquina expressiva" tudo aquilo que potencializa a expressão cultural de uma singularidade em ação para um campo de reconhecimento comum. Assim, quando pensamos em diversidade, nos vêm como imagem imediata grupos étnicos, grupos de gênero e grupos religiosos, ou seja, grupos que já têm suas máquinas expressivas garantidas, campos muito claros de expressão.

Portanto, queremos fazer a seguinte assunção provocativa: trabalhar com o conceito da diversidade ainda é trabalhar entre os iguais, porque significa trabalhar entre aqueles que já possuem máquinas expressivas, chaves identitárias, lugares de fala e coletivos.

Nesse sentido, o conceito de **diferença** nos parece mais apropriado para ser usado como disparador de alargamento de direitos na relação entre juventude, cultura e território na cidade do Rio de Janeiro. Usamos aqui esse conceito como o reconhecimento de que o sujeito é um fluxo de ação que provoca expressões singulares e atravessadas que se atualizam. A constituição daquilo que nos é comum na cidade é nada mais que um ambiente que garante essa atualização.

A dinâmica das novas expressões culturais no Rio de Janeiro tem surgido fora do campo dos atores reconhecidos como identitários, particularmente com foco em juventude. O conceito de **diferença** cabe mais, porque ele passa a reconhecer como agente cultural atores que não vêm paramentados com o seu campo estético já muito bem definido, como no campo da diversidade cultural. Como percebemos isso?

Peguemos como exemplo o "passinho do menor". O "passinho do menor" aparece nos morros e comunidades do Rio de Janeiro como a mistura de uma série de atravessamentos dentro do território operado por jovens. Três elementos centrais o organizam como expressão: **1.** Os jovens dançam em palcos inventados – pátios, escolas, calçadas, lajes –, em finais de tarde, manhãs e à noite nos bailes, caracterizando assim um flerte com a poética das intervenções urbanas; **2.** A dança mistura diversos gêneros reoperados – *funk*, *kuduro*, forró, frevo, entre outros, são hibridizados inventando novos tempos de execução próximos aos de danças contemporâneas; **3.** Os jovens filmam suas danças e colocam em vídeos na internet. Sem a presença de um diretor que direcione o discurso de representação, esse vídeos se aproximam da videoarte.

Apesar dessa complexidade instigante e de toda a capilaridade que essa prática ganhou pelas comunidades populares, o "passinho do menor" ainda não é reconhecido como uma expressão cultural em sua totalidade. Ainda é comum percebermos recepções que colocam essa manifestação apenas no lugar do 'espontaneísmo' e da expressão sociológica dos marginalizados.

Isso acontece porque até algumas cabeças mais bacanas da cidade só reconhecem cultura em grupos que vêm paramentados de cultura. Como esses meninos não usam cachecol, se vestem de *shorts* e roupas comuns – que não são figurinos identitários –, fica ainda difícil de serem reconhecidos. Portanto, consideramos que o uso do conceito da **diferença** como disparador de análises e aproximação pode renovar o nosso olhar com rapidez para reconhecermos as novas expressões da cultura carioca que vêm das juventudes no território.

Essas combinações serão muito frequentes com os fluxos maiores que a cidade está ganhando. Cabe a nós a coragem de mudança na chave conceitual de percepção e análise para garantir direitos, mas sempre lembrando que, em relação a direitos, tempo é um fator decisivo. Não adianta reconhecer o fenômeno de uma geração somente três gerações depois.

Ecologia de coletivos, redes e modelos de ação

O fluxo de sujeitos e atores sociais estimulados pelo campo da cultura na cidade do Rio de Janeiro foi organizado e modulado nas últimas décadas principalmente pelo ambiente do mercado. Até mesmo o ambiente da crítica e dos estudos culturais passou a naturalizar esse lugar como estabelecido. Isso significou, no senso comum, que tudo o que não era do mercado era considerado 'amador' e não um outro campo.

Para grande parte da juventude de origem popular, que era estimulada nos seus territórios por vivências culturais que não encontravam espelho na crítica e nas práticas reconhecidas e legitimadas da cidade, a única maneira de permanecer desenvolvendo seu laço com a cultura era abandonar a prática territorial e dar um mergulho cego no mar onde o único farol era esse mercado. Entretanto, esse jovem era recebido de maneira hierarquizada. Cabia a ele no mundo do espetáculo apenas o lugar de técnico.

Certamente, podemos afirmar que muitas potências de expressões foram abafadas diante desse ambiente hierarquizado. Além disso, a dimensão social aponta para uma grande injustiça com, no mínimo, duas gerações inteiras de jovens de origem popular que foram estimuladas pelos atravessamentos da cidade do Rio de Janeiro, pois a cultura é sempre midiatizada como a grande experiência identitária do carioca.

Imagine a cabeça de um jovem que sabe da sua potência, mas só encontra enquadramentos na sua frente. É um crime histórico, com raízes nas estruturas elitizadas e escravocratas da nossa cidade, mas que não pode ser naturalizado. Durante os últimos anos, combater essa situação foi o núcleo duro do argumento de diversos projetos que tinham como foco o atendimento aos jovens de origem popular. No entanto, o traço principal da ação ainda era a hierarquização em relação a esse jovem. No cardápio oferecido, ele sempre era colocado como o aluno que deveria ser capacitado.

Para a próxima década, se pensamos a cultura como um ambiente em que a experiência da radicalização da democracia pode ser operada, é preciso realizar um corte seco e descontínuo nessa lógica naturalizada em relação ao jovem de origem popular. Dois pontos de partida são decisivos:

1. Em paralelo a essa estrutura do mercado que dialoga com o fomento e práticas setoriais para as artes, diversas estratégias de redes e coletivos foram sendo inventadas na cidade. Hoje, esses coletivos – alguns organizados, outros fluidos – possuem a maior capilaridade nos territórios da cidade, apesar de uma narrativa que tenta visibilizar apenas as grandes produtoras e eventos. Isso demonstra que a cidade do Rio de Janeiro é uma cidade de coletivos.

   Coletivos dinâmicos, grupos, projetos, bandas, movimentos. Nunca existiu no campo da cultura uma política para fortalecê-los. A tendência sempre foi a de se acreditar no financiamento de grandes produtoras para a realização de grandes eventos centralizados e não em uma ecologia de modos diversos de produção.

Nesse jogo das produtoras e dos grandes eventos, coube ao jovem o papel de plateia desses acontecimentos na fábula da contrapartida social. Ao contrário disso, o que percebemos é que o jovem de origem popular, dentro dos coletivos, inventa relações e agenciamentos que garantem o protagonismo. É central, portanto, ao se pensar a cultura como chave de direitos para essa juventude, sistematizar e adensar políticas para a relação dela com os coletivos.

2. Por outro lado, é preciso garantir o direito do jovem não apenas à participação em coletivos, mas também o direito à realização e à ação. Criar ambientes onde eles recebam máquinas expressivas para realizar as suas ideias e não apenas serem organizados como alunos e aprendizes. Dar o direito às máquinas expressivas a essa juventude.

Tentando demonstrar isso com exemplos de política pública, podemos usar o caso dos grupos de teatro da Zona Oeste da cidade. Quase uma centena de grupos compostos hegemonicamente por jovens – que possuem relação com práticas comunitárias –, grupos de carnaval, coletivos urbanos não conseguem ter relação com as políticas públicas de teatro. Os editais que existem favorecem apenas um tipo de prática teatral que pensa a casa de espetáculo como o seu eixo de ação.

Ao contrário disso, esses grupos de jovens realizam ações na rua, em casas, em escolas de samba, praças, escolas etc. São taxados de amadores e sofrem por não encontrar espelho na política pública para o desenvolvimento de suas práticas. Criar editais que favoreçam essa singularidade é promover um tipo de máquina expressiva para esse campo de relação entre cultura, juventude e território.

Por fim, lançando o último rasante desse breve sobrevoo sobre a questão, acreditamos que a promoção de um recorte orçamentário através dos territórios da cidade poderia pactuar a convivência dos diversos atores que se relacionam com a questão da juventude, da cultura e do território. Um traço não menos importante que todos citados até agora e que determina o estado atual das coisas é a invisibilidade dos processos de decisão das políticas para esse campo. Territorializar uma parte do orçamento seria uma forma de promover com mais clareza o entendimento para o enfrentamento da questão.

Jailson de Souza e Silva

"Decifra-me ou nos devoramos"

Considerações sobre a juventude urbana brasileira

A gente não quer só comida,
a gente quer comida,
diversão e arte.

Trecho da canção "Comida", Titãs

Os versos da epígrafe tornaram-se um hino, ocupando lugar de destaque em diferentes eventos promovidos por jovens cariocas no início dos anos 2000. A letra dos Titãs, uma das principais bandas brasileiras, foi feita quando seus integrantes eram jovens e nos diz algo sobre a juventude que adotou a canção como hino. A dificuldade em classificá-la, identificar seus limites e suas possibilidades continua, entretanto, muito presente. Afinal, quando falamos em juventude, estamos falando de quem?

A região metropolitana do Rio de Janeiro tem uma população jovem – entre 15 e 24 anos – da ordem de 1,8 milhão. Essa categoria social é marcada pela diversidade: 38% não completaram o ensino fundamental. Por outro lado, 12% têm 12 anos ou mais de estudo, quer dizer, conseguiram ingressar na universidade. No que concerne ao mercado de trabalho, 40,1% estão trabalhando, enquanto 12,6% estão desempregados. Caso queiramos valorizar mais a diversidade, podemos considerar alguns dados educacionais e de trabalho levantados em 52 favelas cariocas: nesses territórios, no período da pesquisa, 62% dos jovens não completaram o ensino fundamental, apenas 1% tinha 12 anos ou mais de estudo, 51% estavam trabalhando ou procurando emprego e a taxa de desemprego era de 18,6%.

Assim, a vergonhosa desigualdade social do país manifesta-se de forma gritante no Rio de Janeiro. Não é diferente em outras grandes capitais brasileiras. Temos um espectro da juventude no qual se destacam dois extremos: de um lado, aqueles que conseguem chegar à universidade – pouco mais de 10% da população jovem – e uma imensa maioria, em particular os moradores das favelas, que não conseguiu completar o ensino médio ou mesmo o fundamental. Os dados apresentados são por demais conhecidos. Diante disso, o que nos chama mais a atenção, na verdade, é a busca do comum. Nesse mar de diferenças, o que identifica a nossa juventude?

Ora, um olhar superficial sobre as metrópoles brasileiras permite a visualização de alguns tipos de comportamentos que aproximam a grande maioria da população que vive nesses espaços, em especial os adultos. Sua característica principal é um progressivo estreitamento do tempo e do espaço. O movimento se manifesta através de dois tipos de práticas sociais: a presentificação e a particularização da existência.

Pierre Bourdieu afirma que "aqueles que não têm, como se costuma dizer, futuro, têm poucas possibilidades para formar o projeto, individual, de criar seu futuro ou para trabalhar no futuro coletivo" (1979, p. 8). A presentificação expressa nessa citação é uma prática social dominada pela cotidianidade que se manifesta como um **eterno agora**. O estreitamento das referências temporais inibe a possibilidade de se trabalhar a utopia como elemento integrante da realidade. Seja a utopia pessoal ou a coletiva.

O estreitamento das referências temporais se associa ao particularismo espacial. A vivência em uma rede social restrita, sem parâmetros mais abrangentes de inserção em redes diversificadas, contribui para que o lugar de inserção seja o ponto de partida e de chegada dos moradores da cidade. O homem presentificado e particularizado é representado, por excelência, pelo 'homem-consumidor'. Sem parâmetros no passado ou no futuro, voltado para a permanente aquisição de bens materiais e simbólicos, ele não investe em projetos de longo prazo, não desenvolve uma maior preocupação ambiental e tem como referência moral fundamental a sua satisfação pessoal e, no limite, a de seu grupo familiar.

A redução da vida cotidiana ao particular e ao imediato gera a impossibilidade de construção de um projeto coletivo de futuro, assim como a incapacidade de ampliar as possibilidades de **humanização** em uma perspectiva plena e universal. Com isso, fragiliza-se a democracia e o exercício da cidadania, tornando-se cada vez mais raro o contato com a diversidade, com o **outro**. A progressiva perda do sentido da vida coletiva gera o aumento da intolerância, da sensação de insegurança e sustenta as múltiplas formas de violência presentes na cidade, além da dificuldade de incorporar uma ética de responsabilidade em relação ao espaço público.

O enfrentamento das violências presentes na vida urbana, portanto, exige a criação de mecanismos que ampliem o tempo e o espaço sociais dos seus moradores. E os jovens são referências fundamentais para esse processo. Em diferentes realidades, eles formam contrastantes redes sociais, marcadas pela produção de práticas inovadoras de sociabilidade, de regras de convivência, de parâmetros para disputas pelas posições mais prestigiadas. Eles formulam, enfim, variados mecanismos para a expressão dos seus desejos, temores e crenças – da subjetividade.

Assim, a juventude se caracteriza, por um lado, pelo fechamento em relação ao outro. Nesse sentido, ela existe, como não poderia deixar de ser, adjetivada: já foi transviada, hoje é favelada, de condomínio, da Zona Sul, de periferia, *nerd*, *pit-boy*. Por outro lado, continua, ao contrário da maioria dos adultos, construindo seus espaços de **pertencimento** – religiosos, culturais, esportivos, comunitários, educacionais. Cria suas tribos, galeras e turmas.

O que se manifesta de forma velada é a necessidade de pertencer, de enraizar-se, de criar vínculos. Definida filosoficamente como algo sem o qual não podemos passar, a necessidade é a base para a superação das questões que preocupam a todos aqueles que comungam da utopia da cidadania plena: como articular o lugar e a cidade, o particular e o universal, o desejo e o limite, o presente e o projeto? Nos jovens está o alimento.

Com efeito, nenhuma figura expressa melhor a juventude – a atual e todas as outras – do que a mítica Esfinge, com seu eterno e dramático convite **"decifra-me ou te devoro"**. A razão de ser da juventude é **devorar** a geração anterior, reconstruindo, sob novas referências, a caminhada de Sísifo, o rei condenado a levar uma pedra sob a colina e vê-la retornar ao ponto de partida.

Somos condenados – com tudo que há de bom e ruim nisso – a viver o cotidiano, como nos fala a metáfora do rei, tão humano. Cabe aos jovens construir as suas caminhadas de forma distinta, ou não, das traçadas por seus antecessores. Por outro lado, cabe aos adultos resistir em serem devorados. E é isso que têm feito todas as gerações que nos antecederam. O problema são as armas usadas nesse visceral combate.

Afinal, o fascínio e o temor das gerações precedentes diante da juventude são os mesmos que dominaram os viajantes em relação à Esfinge. Esses sentimentos têm, naturalmente, alguma razão de ser. As violências sofridas e praticadas em diversos planos, a aceleração progressiva da velocidade existencial, a busca do prazer como eixo fundamental de sua breve história e/ou falta de perspectivas são as expressões analíticas mais comuns em relação aos jovens. Isso porque as vozes oficiais, que mais ecoam na cidade, continuam discípulas de Aristóteles. Assim como na contraditória democracia grega, a juventude continua sendo vista sob o paradigma da incompletude e, portanto, da deficiência. O jovem é aquele que não está pronto para viver na cidade.

Ora, uma palavra-chave na busca de uma cidade com melhor qualidade de vida é encontro. E, a esse respeito, os jovens têm muito a ensinar às vozes oficiais do mundo urbano. Em uma ordem social e econômica marcada pela segregação, eles sempre estão buscando novos contatos, novos espaços, novas redes. Seja via, por exemplo, cultura – música, dança, capoeira, teatro –, engajamento na defesa ambiental ou busca da democratização da educação, como demonstram os cursos pré-vestibulares comunitários. No cotidiano da cidade, das mais variadas formas, diferentes encontros estão ocorrendo entre jovens e/ou seus grupos.

A palavra da moda, entretanto, em relação aos jovens, há alguns anos, é limite: a falta de limites os teria deixado sem referências, sem disciplina e sem noção de tempo e espaço. Caberia resgatar, então, os limites. O pressuposto é de que um imaginário paradigma da ordem está sendo, de forma assustadora, rompido. E diante disso, a ação do poder público em geral tem tido como princípio, em relação aos jovens, a tentativa de delimitar seu espaço de vivência. Na defesa de uma pretensa ordem da cidade, os limites, em algumas ocasiões, não conhecem as fronteiras de classe.

Não temos, no entanto, a mesma atenção aos jovens no que diz respeito à produção de políticas específicas para as suas demandas. Não há estímulo ao primeiro emprego, não se adotam políticas de permanência na escola, não há espaços culturais alternativos e, por fim, para não sermos exaustivos, não há respeito das forças policiais em relação a eles. Já houve na cidade do Rio de Janeiro uma Secretaria Municipal para cães e gatos, o que poderia ser louvável em outras circunstâncias. Não há, contudo, um órgão do setor público com poder político efetivo que tenha como missão construir um conjunto de políticas públicas integradas para a juventude.

O desafio maior, portanto, não é simplesmente definir limites para os jovens singulares. Mas, sim, criar espaços ampliados para a expressão coletiva de seus desejos, espaços de exercício do poder. Afinal, como definir limites sem discutir o poder? Os jovens precisam ter condições de lançar seu **manifesto**, que, sem pasteurizar as diferenças, materialize seus desejos, vontades e projetos de cidade, propostas de encontro. Precisam ter condições de conquistar o poder coletivo, de falar e decidir, no limite, seus destinos, seus caminhos enquanto categoria social.

E o que cabe a todos os outros cidadãos, de gerações anteriores, que em geral constituem ou fazem coro às vozes oficiais da cidade? Cabe a todos eles colocarem-se diante da Esfinge. Nessa posição, devem reconhecer o fascínio, resistir ao temor. Devem olhar em seus olhos e ouvir sua voz. E, nesse gesto, se apresentam dois desafios: não serem devorados – o que todas as gerações que nos precederam conseguiram –, mas, ao mesmo tempo, impedir que ela se jogue no abismo. Afinal, essa Esfinge, indo e permanecendo no abismo, para ele arrasta toda a cidade, especialmente os que acreditam que nela é possível viver como pessoas plenas, sejam crianças, jovens, homens, mulheres ou idosos.

REFERÊNCIA BIBLIOGRÁFICA

BOURDIEU, Pierre. *O Desencantamento do Mundo*, São Paulo: Perspectiva, 1979.

Marcus Vinícius Faustini

Pequeno abecedário de um cinéfilo de periferia

Escrever sobre cinéfilos na periferia é algo instigante. Qualquer coisa que se escreva dificilmente foge da ideia preconcebida sobre cinéfilos e periferia. Esse é um problema interessante, porque toda produção de representação desses dois universos é bombardeada por ideias algo redutoras presentes no senso comum.

A caricatura é usual em opiniões que mostram o cinéfilo com um estilo de vida que o torna o 'outro' do mundo e a periferia sendo chamada de lugar de ausência e de não lugar.

Sabendo disso e de que não teria outro caminho a não ser a colisão com esse imaginário para produzir uma percepção um pouco mais íntima sobre esse campo comportamental e operador de subjetividade, decidi encarar os clichês a partir de algumas estratégias. Meu objetivo aqui neste trabalho não é descobrir um novo movimento ou revelar um novo tipo de comportamento social extraordinário, gestos muito comuns em quem aborda esse tipo de assunto.

Publicado originalmente na revista Filme Cultura 53.

Procuro formular uma abordagem que possa estabelecer uma relação de proximidade e expressão das negociações que uma pessoa que se declara cinéfilo na periferia costuma fazer. Desde a importância na organização da coleção de DVDs até as conversas sobre filmes com amigos no MSN madrugada adentro, passando pela consciência de imitação na vida de gestos cinematográficos, o ato de gostar de cinema traz um desejo de mundo que organiza a passagem pela juventude nos territórios populares. Entretanto, esse desejo de mundo para outros se expressa também no *funk*, na religião ou na política.

Dessa maneira, é bom saber, como *kit* de partida para o mergulho no assunto, que não estamos falando de algo novo e nem raro. A combinação de operações subjetivas que leva um jovem de periferia a se reconhecer numa prática de cinéfilo é mais um elemento do repertório de formas de significação da vida presente hoje em parcela importante dessa juventude. Digo isso para ficar claro que tanto o funkeiro como o cinéfilo possuem a mesma potência na vida. Apenas, até o presente momento da história do país, o cinema tem muito mais reconhecimento por parte dos estudos culturais.

Assim, quando um moleque de periferia encoraja-se e declara sua cinefilia como estilo de vida, ele encontra um vasto repertório de representações miméticas que pode ser seu guia. O curioso é percebemos que quando esse moleque imita comportamentos, sua cópia está produzindo mais subjetividade que o original, trazendo novas articulações e combinações que podem contribuir no re-enraizamento do cinema nas juventudes populares. E isso é bom!

Território como tela

O primeiro procedimento a ser adotado é fazer um recorte territorial. Nova Iguaçu é uma das principais cidades da Baixada Fluminense, na região metropolitana do Rio de Janeiro, marcada por contradições sociais e lutas históricas da sociedade civil na afirmação de um imaginário. Quando fui Secretário de Cultura de Nova Iguaçu, depois de ter criado a Escola Livre de Cinema e ter presenciado o surgimento de uma cena muito forte em cineclubes espalhados em diversos cantos da cidade e reunindo jovens em busca de afirmação comportamental, já sabia que aquela efervescência estava no DNA da própria cidade, que já havia sido palco de outras experiências nos anos 1980, como a "TV Maxambomba".

Entretanto, a novidade ali presente, que num primeiro momento não se expressava com clareza, era a forte presença de uma cultura do 'faça você mesmo'. Além de se reunirerem para ver filmes, estudar e falar de cinema, realizar filmes a qualquer custo se colocava na ordem do dia para diversos jovens. Como sabemos, esse conjunto de elementos de ação e recepção é capaz de produzir uma cena cultural. É bom salientar que não existe uma unidade nesses jovens dessa cena de Nova Iguaçu. Temos desde filhos da classe média histórica da cidade até filhos de operários que se declaram amantes e realizadores da sétima arte.

O cinéfilo e seus amigos

Getúlio Ribeiro é considerado por seus amigos o maior cinéfilo da cidade de Nova Iguaçu. Esse título é muito mais um reconhecimento de códigos comuns por parte de todos do que uma conquista por feitos que o coloca nessa posição. Getúlio pertence a essa geração que vem, através de estratégias bem específicas, criando uma cena significativa que mistura audiovisual, juventude e ativismo cultural na Baixada Fluminense. Diversos cineclubes, pequenos projetos audiovisuais educativos, junto com a Escola Livre de Cinema de Nova Iguaçu e o seu festival anual, o "Iguacine", caracterizam um cenário diverso em que esse nosso cinéfilo passeia com habilidades que o retiram de qualquer arco dramatúrgico tipificado ou caricato.

O jovem de 21 anos vem de uma família popular de Nova Iguaçu, em que antes dele nenhum membro havia mantido qualquer relação de intimidade com o cinema ou práticas culturais. Recentemente, descobriu que um primo distante em Pernambuco também gosta de ver filmes como ele. A compra de um aparelho de DVD por seus pais foi o dispositivo dessa intensa relação com o cinema que nosso personagem possui e onde começou também a sua peregrinação para conseguir assistir filmes cotidianamente.

Ele não está só. Josy Antunes, Diego Bion e Luana Pinheiro são alguns dos jovens que também poderiam atender pela alcunha, mas preferem destiná-lo exclusivamente ao amigo – afinal Getúlio, segundo eles, tem todas as características de um cinéfilo. Sendo inclusive o mais disciplinado, já que na sua infindável lista de filmes sempre insere novos títulos a serem vistos. O que ocorre é que esse grupo de jovens tem em comum o interesse por cinema, o que inclui ver, falar e refletir sobre o que assistiram. Contarei a seguir, em forma de abecedário, esse breve encontro com Getúlio, o maior cinéfilo da Baixada Fluminense, segundo seus amigos.

Escolhi essa forma para valorizar as breves reflexões desses jovens sobre o assunto. É possível que o leitor se reconheça em muitas situações. O que vale aqui é que elas mostram um desejo de pensar a sua vida como linguagem. Uma busca de significação da vida pelo cinema. Ideia necessária para qualquer país democrático. Eis o pequeno abecedário do cinéfilo de periferia:

A

ACHAR FILMES: Ao encontrar um filme coreano em um camelô do calçadão de Nova Iguaçu, Getúlio vibrou. Desde então, Diego Bion e Luana Pinheiro, seus amigos organizadores do cineclube "Buraco do Getúlio", tentam, a pedido de Getúlio, encontrar uma data na programação para realizar uma mostra de cinema asiático. A paixão por filme asiático começou com Getúlio assistindo, por acaso, a "Oldboy", do diretor Park Chan-wook, em um canal a cabo. "Tem cinéfilo que se especializa num tipo de filmografia. O Getúlio, por exemplo, é louco por cinema asiático. O bom cineclubista exibe filme para os cinéfilos. Vamos realizar essa mostra", comemora Diego Bion.

B

BAIXAR FILMES: Depois que a banda larga chegou ao seu bairro, a conversa com amigos pela internet levou Getúlio a outra grande descoberta, o *torrent*. Desde então, o computador de sua casa passa dias ligado baixando arquivos de filmes – para a preocupação de sua mãe com a conta de luz.

C

CONVERSAR SOBRE FILMES: No início de qualquer conversa, Getúlio avisa logo que não gosta de futebol, gosta de filmes. Conversa longamente com amigos nas sessões de cineclube e até conseguiu uma namorada num encontro que começou com um simples papo sobre cinema. Sua capacidade de guardar nomes de realizadores é vista por seus amigos como uma qualidade, mas todos são unânimes em dizer que ele só abre a boca para falar de filme.

D

DVD: Quando o pai comprou o aparelho de DVD que o tornaria cinéfilo, a mãe de Getúlio vivia dizendo: "Não acredito que você vai gastar dinheiro comprando filme". Não adiantou, Getúlio tem mais de 200 e é capaz de discursar sobre cada um deles.

E

EXTRAS: Foi assistindo aos extras e repetindo as melhores cenas dos filmes que Getúlio passou tardes em sua sala, com um DVD atrás do outro. Às vezes, ele diz que está num 'dia Godard', outras vezes não suporta nem dez minutos de um 'filme pipoca', mas todo dia ele se senta para ver um filme.

F

FESTIVAL DO RIO: Apesar de ser cinéfilo, Getúlio nunca conseguiu ir ao Festival do Rio. Quando digo a ele que comprarei um "passaporte" e o darei de presente para o próximo, seus olhos se mexem como quem assiste a um efeito especial na tela.

G

GETÚLIO: Ele é tão cinéfilo que passa perrengue para ver filme. É assim que sua amiga Josy, aluna da Escola Livre de Cinema de Nova Iguaçu e organizadora do cineclube "Donana" em Belford Roxo, inicia uma história, contada depois por Getúlio, sobre um domingo em que, com apenas dez reais no bolso, ele peregrinou pela metrópole do Rio para assistir a um determinado filme.

H

HABILIDADE: Segundo seus amigos, Getúlio tem habilidade para decorar nomes da ficha técnica e cenas inteiras. Todos ficam chapados.

I

IR AO CINEMA SOZINHO: Getúlio gosta de ver filmes sozinho, gosta de ver a vida em planos, só não gosta de como o cinéfilo é retratado em alguns filmes: segundo ele, como *nerd teen*. Considera o curta-metragem "Ensaio sobre cinema", de Allan Ribeiro, a melhor representação de cinéfilo que já viu nas telas. "É uma grande homenagem ao cinema", define.

J

JOSY: É a amiga de Getúlio que o classifica como 'o maior cinéfilo da Baixada'. Por sua vez, Josy se classifica como 'cinéfila de mentira' por não pensar em filmes toda hora. Mas é capaz de me escrever no *Twitter* sobre as características de um cinéfilo de periferia.

K

"KM": Andando um dia por Nova Iguaçu, Getúlio viu um *outdoor* da Escola Livre de Cinema. "Eu tinha vontade de estudar cinema, mas não tinha como, naquele momento, entrar na universidade. Depois de ter entrado na Escola, a vontade de fazer filmes virou uma fissura", revela. Getúlio só pensava em filme, todo dia, toda hora. Começou a perceber que aprendia coisas sobre a vida, o mundo, a matéria de História, vendo filme. Foi capaz de andar quilômetros para chegar à Escola Livre de Cinema de Nova Iguaçu.

L

LOCADORAS: As boas locadoras de Nova Iguaçu foram acabando. Os camelôs viraram a melhor opção. "Tem coisas no camelô que nem as Lojas Americanas vendem!", comemora Getúlio.

M

MUITO FODA!: É assim que Getúlio classifica o cinema. "Criar um mundo só seu é muito foda!"

N

NAMORADA: Beijando a namorada na estação de trem, Getúlio imaginou aquele momento da vida como uma cena. "Fiquei com a minha namorada e pensei: 'Uma cena de cinema mesmo, a linha do trem, com música romântica'; tudo tinha plano".

O

ORKUT: "Todo cinéfilo de periferia tem um álbum na rede social com cenas ou cartazes dos seus melhores filmes", afirma Josy.

P

PETRÓPOLIS: Numa ida a Petrópolis, Getúlio encontrou numa galeria um sebo que vendia DVDs mais baratos. "Foi um prazer incrível", é assim que ele recorda aquela tarde inteira dentro do estabelecimento na cidade. Uma tarde memorável.

Q

QUANTO VALE UM FILME?: Quando contou para sua amiga Elaine Cristina que comprou um DVD pirata no camelô, teve que se explicar por horas, pois ela não admitia o fato de ele ser um realizador e não valorizar seu trabalho.

R

REALIZAR: "De tanto ver e pensar os filmes, tive vontade de fazê-los", conta entusiasmado.

S

SATISFAÇÃO: É grande a satisfação pela coleção de DVDs na prateleira. "Eu gosto é de mostrar meus filmes. São como livros da escola, estudo por eles".

T

TRABALHADOR: Para Josy, cinéfilo de periferia é um trabalhador precoce, porque seus pais não têm dinheiro e não veem futuro nessa história de cinema. "Ele tem que se virar!"

U

UM: Getúlio assume que por conta de sua fissura não admitia ver apenas um filme por dia. "Já tive época de ver filme todo dia, mais de um."

V

VISÃO: "Encarar a vida de maneira diferente com uma visão mais profunda": é como Getúlio define o cinéfilo. É o cinema para pensar a vida.

W

WWW: Getúlio e Josy embarcam nos papos pelo MSN misturando vida, ideias de roteiros etc. E assim o teclado devora a madrugada deles.

X

'XIS': O 'xis' da questão, para Getúlio e sua geração, é conseguir viver de cinema.

Y

'ÍPSILON': Ver um filme até o final dos créditos. Procurar saber quem fez aquela cena que você gosta. Como foi feita? Ficar pensando! Ir até o final dos créditos como quem vai até o final do alfabeto, lá pela letra Y.

Z

ZONA SUL: A grande diferença entre cinéfilo de Zona Sul e cinéfilo de periferia, para Josy, é o bóton de filme '*cult*' feito à mão por eles na Baixada e vendido em lojas de artigos de cinema na Zona Sul.

Esses pequenos flagrantes constituem a formulação de uma geração desejante de cinema.

Jorge Luiz Barbosa

O caos como *imago urbis*

Um ensaio crítico a respeito de uma fábula hiper-real

Havia chegado a uma terra de fragmentos, perdida, um lugar de coisas para as quais não havia palavras e também um lugar de palavras que não correspondiam a coisa nenhuma.

Paul Aster, "Cidade de vidro"

Entre os 200 trabalhos de 70 artistas apresentados na Bienal de Arte Contemporânea Americana, edição abril-junho de 1997, realizada no Whitney Museum of American Art de Nova Iorque, uma obra chamou especial atenção do público: a instalação "Pizza City", de Chris Burden.

Criada entre 1991 e 1996 a partir da coleta de peças e brinquedos em miniaturas e com a intenção de descrever apenas um pedaço da cidade de Nova York, "Pizza City" acabou por desenhar um arquétipo presente em diferentes latitudes. Viadutos, pontes, casas, automóveis, arranha-céus (entre eles, o *Empire State Building*), pavilhões estilizados do classicismo, locomotivas, fábricas, refinarias, portos e aeroportos reaparecem no espaço da instalação. São objetos comuns, porém destituídos de qualquer ordem ou simetria, que reaparecem como ruínas que se acumulam até um céu soturno e sem nenhum horizonte. São formas conhecidas.

Porém, tomadas indistintamente de seus contextos e misturadas até a exaustão, perdem por completo todo e qualquer significado. São nomes nus que a memória só pode reter como coisas desprovidas de sentido, pois no emaranhado em que estão lançadas não possuem a dimensão histórica de sua existência social. E, se a cidade é um discurso que entrelaça forma e conteúdo, "Pizza City" é a negação da possibilidade de narrativas e reconhecimentos do/no espaço urbanizado, denunciando a cidade como um lugar impróprio para se tecer identidades sociais.

Ao mergulhar os objetos na inércia – rompendo com a estética funcional, tão cara aos modernos – e reduzir o legível ao seu contrário, a obra de Chris Burden sinaliza o colapso da cidade moderna. A Arcádia criada para "morar, trabalhar, circular e cultivar o corpo e o espírito", preconizada pelo racionalismo urbanístico da Carta de Atenas, entoa seu dobre de finados. O projeto de transformação da sociedade a partir do ordenamento do espaço coletivo habitado é reduzido a uma simples quimera em "Pizza City". O silêncio dos objetos estáticos e petrificados se confunde com o silenciar das utopias. Um novo mapa do inferno é traçado com os objetos empilhados e destituídos de linguagem: uma terra de fragmentos. A estetização da cidade moderna ganha potência figural na imagem do caos.

Da arte contemporânea aos meios de comunicação de massa, o caos como *imago urbis* aflora e se reproduz, demonstrando o seu vigor para hegemonizar formas de representação e, sem dúvida, conferindo um certo poder de sedução às interpretações "científicas" das contradições da cidade contemporânea. Contudo, não se trata apenas de um jogo de cartas marcadas, ou melhor, de imagens marcadas por um certo tipo de discurso ou textualidade niilista pós-moderna. A imagem do caos vem assumindo um papel significativo na condução de práticas sociais de reordenamento territorial e paisagístico das cidades, cujas consequências mais imediatas já começam a se delinear.

Podemos identificar duas linhagens que fazem do caos o fundamento de suas leituras da cidade e cujas implicações últimas, apenas aparentemente diferenciadas, encontram-se num mesmo leito comum: a linhagem da simulação e a da dissimilação.

A primeira linhagem se constitui a partir do tratamento do caos como sinônimo corrente da crise urbana. Essa leitura apoia-se em evidências bastante concretas das condições histórico-geográficas atuais da cidade. A violência, o banditismo social, a degradação ambiental, a saturação das vias de transporte e a insuficiência dos serviços de saúde e habitação são expressões recorrentes e instrumentalizadoras do caráter pletórico das representações que fixam, limitam e remetem o nosso imaginário à superfície das 'questões sociais' advindas da falência da cidade.

Geralmente constituídas a partir do isolamento dos elementos de seu conjunto mais amplo, as representações do caos tratam as questões de ordem mais complexa e tensa como problemas do crescimento urbano 'desordenado'. No entanto, é através de sua banal inocência que se configuram e se difundem leituras ideológicas de 'vitimização' dos 'citadinos' e, no seu limite, de 'satanização' da cidade. Contrapor-se às representações banalizadas da cidade desordenada e, portanto, caótica não significa negar que vivemos em um período marcado pelo aguçamento das contradições e conflitos sociopolíticos e, até mesmo, de desconstrução de práticas e valores que edificaram os nossos modos de ser e estar urbanos no mundo. No entanto, é preciso atentar às leituras correntes da cidade a partir da imagem do caos como desordem e fragmentação.

Tais leituras desenham cidades saturadas de objetos obsoletos, grafismos desviantes e simbologias decadentes que são porta-vozes, com frequência, de apelos ao outro extremo da situação: as exigências de normas capazes de reconstituir a 'sociabilidade perdida' e restituir os 'direitos naturais' do indefeso contribuinte que 'paga seus tributos em dia'. Ao passo que o desencanto em relação à vida nas cidades ecoa pelas salas de aula e artigos na mídia, recrudesce o tratamento do espaço como objeto funcional (de consumo) e reitera-se a legitimidade dos núcleos exclusivistas de bem-estar e segurança em condomínios fechados e edifícios-fortaleza.

A imagem do caos como representação da cidade reitera a rigorosa correspondência entre a hierarquia social e a morfologia espacial urbana e, sobretudo, mascara a radicalidade das desigualdades sociais nas cidades. Por outro lado, os apelos à normatização diante do caótico vêm orientando práticas de vigilância e disciplinarização de corpos indesejáveis (migrantes pobres, população de rua, lumpemproletários), como também as de isolamento e de contenção de territórios considerados perigosos. Práticas essas, discricionárias, que se amparam no objetivo, sempre pretenso, de defender o cidadão-consumidor da 'barbárie' instaurada pela desintegração do tecido social e que, notoriamente, se apoiam na violência policial do Estado e em corporações particulares de segurança, a fim de garantir a 'civilidade' local e privada na cidade.

Esse caminho do avesso consolida intervenções urbanas cujas estratégias assentam-se no discurso de recuperação dos laços sociais e culturais partidos pela anomia da cidade caótica. Aqui reside a força dos estereótipos, pois legitima as ações urbano-arquitetônicas que apelam à restauração e à revitalização (estética) da cidade, sinalizando o abandono das concepções outrora modernas de "remodelações urbanísticas globais" em função da valorização do 'local'. Segundo os seguidores da nova e pragmática postura urbanística, é impossível cuidar da cidade como um todo, sobretudo das metrópoles, vítimas de seu próprio gigantismo. Portanto, há pouca surpresa na atual ressonância das concepções que definem a cidade como um mosaico de fragmentos e seu cortejo de intervenções urbanas seletivas, orientadas para o resgate – através dos lugares – da 'memória cultural', dos 'laços de identidade', da 'singularidade histórica' e da 'vida comunitária'. Ou seja, elos considerados indispensáveis para reconstituir a civilidade, a paz social, o progresso e, evidentemente, atrair bons negócios, tecnologia e empregos.

Novos imperativos de eficiência e rentabilidade ganham corpo nos dispositivos urbanísticos destinados a realizar a performance mimetizada dos lugares. A racionalidade econômica substitui o monumentalismo arquitetônico para erigir uma ética do mérito, em que o agradável e a segurança jogam papéis decisivos. Nesse percurso, torna-se cada vez mais acirrada a competição entre as cidades, agora mediada pela mobilização do espetáculo – a cenografia gestionária contra o caos –, destacando-se em tal estratégia a construção de prédios e *shopping centers* luxuosos, estilização decorativa de bairros, festivais culturais e eventos esportivos (HARVEY, 1987). A grafia indesejável dos conflitos sociais presentes no espaço é reificada na imagem do caos, que, por sua vez, se presta como condutora do esforço de doar alma à cidade da amorfia, cujo dispositivo de realização é a estetização dos lugares. Estratégia difusa e descontínua que radicaliza desigualdades socioeconômicas sem ocultar o seu propósito de promover o 'mercado global' de estilos de vida, serviços e imagens.

Um novo sentido é atribuído às cidades: elas não são mais lugares para se habitar; agora são tratadas como lugares para se olhar. É nesse ponto que se investe e se (re)veste as cidades com o *design clean* do mobiliário urbano – cabines telefônicas, abrigos de ônibus, caixas postais, luminárias, bancos, lixeiras – destinado a reformar/disciplinar o uso da paisagem através da concessão de áreas públicas às corporações privadas (a empresa francesa JCDecaux, por exemplo, já atua em 23 países). Em contrapartida da criação, instalação e manutenção dos objetos criados, essas corporações podem utilizar o 'espaço' para fins publicitários. Batatas fritas *diet*, refrigerantes, serviços bancários, *jeans* e a nova modelo da revista *Playboy* podem, enfim, desfilar nas ruas e avenidas convertidas em amplas janelas de exibição. O urbano passa a responder diretamente pela estetização da economia política.

O novo papel do mobiliário urbano é introduzido não somente como suporte de um processo intensivo de veiculação e banalização do mundo das mercadorias, como também para doar uma imagem de estabilidade e ordem às cidades, necessária e coerente com a nova dinâmica do mercado capitalista. Impõe-se às cidades um catálogo de formas repetitivas e, portanto, diluidoras das diferenças socioculturais qualitativas. No seio dos espaços padronizados, tudo se torna equivalente e intercambiável e, como nos alerta Ítalo Calvino, decretam contraditoriamente a amorfia que pretensamente afirmam combater:

> [...] Nos lugares em que as formas exaurem as suas variedades e se desfazem, começa o fim das cidades. Nos últimos mapas do atlas, diluíram-se as retículas sem início nem fim, cidades com a forma de Los Angeles, com a forma de Kioto-Osaka, sem forma (1990, p. 126).

Dessa mesma matriz urbanística são os esforços de reconstituição das singularidades histórico-culturais que não ultrapassam o seu papel de *remake* da paisagem. A recomposição de fachadas de casas e prédios considerados tradicionais, a organização de corredores culturais e bairros estilizados com cores e formas do passado emprestam à paisagem um certo sentido bucólico e retrô. No entanto, a pretensa recuperação da 'memória histórica' se revela como um processo de 'museificação' mercantil de ruas e bairros, cujo propósito maior é servir como *self-service* cultural para o turismo do que propriamente revitalizar tradições populares. O mapa da cidade e o território não se confundem mais, enquanto a paisagem é reconstituída permanentemente como uma grande tela de simulações.

Contra o caos combinam-se o embelezamento estratégico, a engenharia privada de segurança e as tecnologias *soft* de controle – a exemplo da utilização de câmeras de vídeo para registrar e vigiar o movimento de ruas e praças. Esses elementos reiteram em diferentes latitudes o padrão cultural californiano, que combina a limpeza física – incluindo os corpos estranhos e rebeldes – e a indiferença humana, e cujo propósito maior não é outro além de figurar uma cidade 'simulacro' em oposição ao 'caótico'. Assim, a *imago urbis* que constrói o nosso senso comum é um apanágio para um velho novo 'espírito urbanístico', sempre empenhado na reencarnação do movimento seletivo da mercadoria, no reordenamento hegemônico da propriedade privada e do valor de troca na cidade. Da falta de sentido do aglomerado caótico emerge uma "Ágora disneylandizada" como dramatização de um urbanismo *décor*: "Imperialismo visual e concentração urbana andam juntos; desenho topográfico, projeto mercantil e destino político revelam-se interdependentes e descobrem no número como na cifra seu horizonte instrumental e metodológico" (MONNIER-RABALL, s/d, p. 138).

Registra-se, nesse percurso, um processo brutal de segregação urbana alimentado de radicais contradições sociais que, por sua vez, assumem a expressão suprema da *gentrificación* de pedaços da cidade frente à crescente miséria social, sobreposta à etnização impressa em bairros e quarteirões inteiros – fenômenos em curso não somente na Europa e nos Estados Unidos, como também nas sociedades latino-americanas. Nesse movimento se constitui um conjunto de práticas sociais que Boaventura Santos identifica como uma "forma fascista de sociabilidade", produto da privação de direitos políticos e sociais característicos do *apartheid* urbano:

> Trata-se da segregação social dos excluídos através de uma cartografia urbana dividida em zonas selvagens e zonas civilizadas. As zonas selvagens são as zonas de natureza do Estado hobbesiano. As zonas civilizadas são as zonas do contrato social e vivem sob constante ameaça das zonas selvagens. Para se defenderem, transformam-se em castelos neofeudais, os enclaves fortificados que caracterizam as novas formas de segregação urbana [...]. A divisão entre zonas selvagens e zonas civilizadas está a se transformar num critério geral de sociabilidade, um novo espaço-tempo hegemônico que atravessa todas as relações sociais, econômicas, políticas e culturais e que, por isso, é comum à ação estatal e não estatal. (1999, p. 103)

Percebe-se que o pretendido resgate da sociabilidade perdida através das intervenções urbanas locais possui limites bastante claros. É profundamente questionável a possibilidade de recriação de sociabilidade ou de invenção da cidadania diante do processo de recriação parcial e discricionária da cidade. Fragmentos de apropriação da cidade poderão doar sentidos renovados às nossas vidas e (res)significar as nossas experiências cotidianas? Por outro lado, como restituir civilidade à cidade diante da degradação do 'modo civil de viver urbano', outrora fundado na disciplina (capitalista) do trabalho e nos valores normativos da família (burguesa)?

Observa-se que a busca de invenção da 'vida comunitária' recria, a partir do redesenho dos lugares, uma forma de ordenamento territorial urbano que tende a forte repartição de populações e segregação de convivências e, no seu limite mais dramático, como afirma R. Sennett, anula as possibilidades de se criar sentido para a própria vida na cidade:

> A comunidade se tornou ao mesmo tempo um retraimento emocional com relação à sociedade e uma barricada territorial no interior da cidade. A guerra entre a psique e a sociedade adquiriu, assim, um foco verdadeiramente geográfico, que veio substituir o antigo foco do equilíbrio comportamental entre o público e o privado. Esta nova geografia é a do comunal *versus* o urbano; o território dos cálidos sentimentos e o território da indiferença (1988, p. 366).

Portanto, não estamos tratando exclusivamente de um período marcado pelo aprofundamento da separação entre o espaço público e o privado, mas sim de um esvaziamento político do primeiro como contrapartida da decomposição do espaço comum, ou melhor, do que sobrou como lugares (com)partilhados por diferentes atores sociais – avenidas, ruas, praças, parques, jardins. Lugares de encontros e conflitos entre próximos e distantes, iluminando as contradições do ato de viver na cidade. Esse espaço comum, em desmontagem na cidade, é a expressão radical da crise sociopolítica contemporânea e sobre o qual agitam-se forças e concepções de sociabilidade profundamente desiguais. Nesse sentido, podemos afirmar que o espaço social vem se tornando uma raridade diante do espaço abstrato e homogeneizante da racionalidade mercantil burguesa.

O tecido dos acontecimentos demonstra que estamos diante de uma reconfiguração espacial das cidades – ainda que descontínua, é verdade. A não extensividade, ou melhor, a segmentação espacial das intervenções urbanas está fundada na constituição das mudanças na reprodução social das relações capitalistas de produção em curso na atualidade. Enquanto o modelo urbano dos modernos reinventava o espaço geométrico através da criação de um centro – ponto de fuga para onde um feixe de linhas retas convergia e fazia o predomínio do mapa sobre o território e deste sobre a paisagem –, os chamados pós-modernos ensaiavam a pragmática de uma cidade policêntrica. Nela, o território não é mais garantia da duração da paisagem e o mapa é um rascunho sempre provisório e incerto das relações sociais, tornando a cidade um território da hiper-realidade da mercadoria: "(...) nada de relevo, de perspectiva, de linha de fuga, mas uma tela total onde os painéis publicitários e os produtos na sua exposição ininterrupta jogam como signos equivalentes e sucessivos" (BAUDRILLARD, 1980, p. 8). Enquanto a primeira concepção recebia sua gênese do sujeito (cartesiano), autocentrado na Razão, a segunda é expressão dos estilhaços do indivíduo do contrato social, o consumidor. Davis aponta, sem sutilezas, as atuais mudanças nas concepções e práticas do urbanismo:

> Onde quer que o arranha-céu 'clássico' tenha romantizado a hegemonia da burocracia corporativa e da produção de massa, a torre pós-moderna tornou-se apenas um pacote de espaço padronizado pronto para ser embrulhado para presente ao gosto do cliente (1989, p. 94).

As contradições socioespaciais abertas, geralmente agudas, são vistas e localizadas pelo ângulo do caótico. Ele é tomado como dispositivo ideológico para neutralizar o sentido político da cidade e legitimar o neopragmatismo urbanístico que se arroga ser o salvador da *urbis* e do *civitas*. Contudo, o caos não é apenas uma forma imediata através da qual se constitui um certo 'olhar' sobre a cidade: o caos recebe também o *status* de conteúdo inerente à cidade que comprovaria, ao contrário da posição anteriormente descrita, a fertilidade e a dinâmica do sentido da vida nela. Se o caos é o mal, ele também pode ser o bem e, assim, assumir o papel de teoria explicativa e constituidora da falta de sentido da cidade.

Em voga nas chamadas ciências exatas e biológicas, a teoria do caos se constituiu como um modelo explicativo a partir do reconhecimento da imprevisibilidade, da irregularidade e aleatoriedade dos fenômenos que, até então, pareciam pertencer a uma ordem fechada de acontecimentos. E curiosamente o próprio caos e todo o seu cortejo e incerteza responderiam ocultamente por um outro tipo de ordenamento presente no universo.

Transposta sem muitas sutilezas para o plano das ciências sociais e, em particular, para o modo de olhar a cidade, o caos é tomado como um 'modelo explicativo' da cidade contemporânea e, ao mesmo tempo, um sentido inerente ao próprio conteúdo do urbano. O caótico seria, então, a marca emblemática e o selo de qualidade da cidade neste início de século. Trata-se, portanto, da aceitação da turbulência como modo de vida e como momento da existência viva da *urbis*. O caos é revisto, assemelha-se à Gaia, é elevado à condição de 'fonte inesgotável' da vida e de toda mudança. Não ter sentido, agora, faz sentido para as cidades.

Como teoria explicativa e aura da cidade, o caos nos induz a acreditar na possibilidade de valorização da iniciativa pessoal e todo o seu corolário de autodeterminação individual, sobretudo dos lugares frente à ordem abstrata e generalizante da cidade (da região, da nação ou da própria sociedade). No discurso imagético dominante, o caos é descontinuidade, é ruptura com as estruturas 'inertes' e a inspiração dos indivíduos contra a 'matéria informe e monótona' constitutiva da cidade, fazendo quebrar todas as hierarquias reguladoras e as ordens fechadas que negam o livre-arbítrio e, principalmente, a livre-ação para viver o fugaz. Trata-se da celebração do indivíduo que, para sobreviver na 'selva urbana' de cada dia, precisa desenvolver táticas exclusivas e sempre adaptáveis ou flexíveis de sobrevivência diante da competição voraz e aleatória – traço comum à nova estrutura profissional urbana, demarcada pelas atividades de serviços, publicidade, seguros, informática e finanças. Contudo, o comportamento flexível, a livre-ação e a capacidade de adaptação que vêm determinando a modelagem do caráter dos indivíduos não geram a liberdade pessoal e o sucesso profissional prometidos. Ao contrário, engendram novas formas de alienação, uma vez que a "repulsa à rotina burocrática e a busca da flexibilidade produziram novas estruturas de poder e controle, em vez de criarem as condições que nos libertam" (HARVEY, 1993, p. 258).

A popularidade do caos no discurso imagético refaz no plano das ideias aquilo que hoje subjaz na ordem das redes globais da finança e da informação, onde as ações são cada vez mais velozes e suas consequências pouco previsíveis. As cidades, como lugares privilegiados nas tramas dos circuitos mundializados, precisam ser adequadas a esse novo modo e ritmo de reprodução do capital, em que a velocidade é a marca e a imprevisibilidade parece ser a tônica. A fórmula para o sucesso das cidades parece ser simples: assumir o caótico para candidatar-se ao mercado e ao dinheiro tornados globais. O individualismo e a habilitação para o livre mercado encontram uma estranha correspondência. O ressurgimento do darwinismo social poderia encontrar terreno mais fértil?

O caos é valorizado e proclamado como força de oportunidades contra a vida padronizada e reguladamente massificante da cidade. De estéril, o caos revela-se como fonte de incerteza fertilizadora e oportunidade de realização da liberdade. Finalmente, parece que estamos livres da angústia gerada pela indeterminação do dia seguinte e, mais do que tudo, a popularidade do caos "alivia e suaviza a disposição das sociedades capitalistas dos últimos tempos e lhes dá, simultaneamente, a expectativa tensa e relaxada de viver uma ética e uma estética de riscos sempre novos" (SENNETT, 1999, p. 54). E, ainda assim, acreditarmos em horizontes abertos e na existência do imponderável como futuro, mesmo diante da rápida caducidade e obsolescência do mundo programado pelo consumo (material e simbólico) dirigido.

Assim, a cidade 'democrática' deve se inspirar no caos, estar aberta às novidades para desembaraçar-se da história e acatar a "volatilidade e efemeridade de modas, produtos, técnicas de produção, processos de trabalho, ideias e ideologias, valores e práticas estabelecidas" (MENNINGHAUS, 1996, p. 136). Vencendo pela saturação invasora no nosso cotidiano, a imagem do caos deixa distante a cidade que habitamos para nos impor a condição de nômades amedrontados, solitários e sem rastros. Por outro lado, o domínio 'tátil' da imagem da 'cidade caótica' resulta da nossa própria tolerância política e intelectual com a fragmentação da vida.

Sitiada pela imagem modelar do caos, a cidade é pura descontinuidade e sua estrutura incerta e fragmentária é condizente com o fim da história, ou melhor, com a negação de toda a sua historicidade. Para uma 'sociedade de risco', somente é possível uma 'cidade de risco'. Daí é que se pode argumentar, como certos sociólogos de sucesso editorial e prestígio acadêmico, que vivemos num "mundo urbano sem cidades" ou proclamar que habitamos "cidades sem cidadãos", sombriamente redefinidas por guetos, hordas e tribos. Argumentos que fazem tábula rasa das lutas, anseios e sonhos de uma cidade mais bela e igualitariamente democrática, mas contribuem para dar cobertura ideológica às ações e relações imediatistas, narcísicas e individualistas. Essas ações demonstram-se completamente desprovidas de sentido coletivo de criação da vida e, por isso, são confessadamente incapazes de constituir um projeto social mais amplo de cidade e cidadania. Talvez seja mais reconfortante para o vezo pequeno-burguês olhar a cidade como um aglomerado de cacos do que ver 'distraidamente' as resistências não cotidianas dos sem-teto e sem-emprego.

Enquanto os cânones da Escola de Ecologia Humana de Chicago (PIERSON, s/d) nos faziam acreditar que as crises antecediam rápidas mudanças e que, finalmente, um período de equilíbrio mais estável se abriria no mundo sacudido pelas incertezas, os ideólogos da 'irregularidade promissora' do caos nos convidam a aceitar o inevitável, a incerteza e o imprevisível como parte da certeza de nossa existência e, mais radicalmente, naturalizam as condições/contradições histórico-geográficas da cidade. Da imagem do caos, elabora-se um jogo de simulacros de dominância 'tátil' que faz mais palatável a desregulamentação da economia e das relações de trabalho, a privatização do patrimônio que deveria ser público (incluindo-se nesse item não somente os equipamentos e meios infraestruturais do abastecimento urbano, mas também as ruas, as praças e os jardins), como também a transferência para o espaço do mercado das questões de qualidade eminentemente sociopolíticas. Acumulação flexível e indivíduo flexível são faces dissimiladas de uma mesma moeda. Desse modo, *imago urbis* e exploração ideológica combinam-se e misturam suas tinturas no *geist* neoliberal.

Apesar dos seus limites bem precisos, podemos tomar a imagem de caos para mudar radicalmente seu sentido corrente e explorar o abismo entre a simulação e a expressão da cidade. Oculta na nuvem a-histórica do caos, a cidade perde a sua condição de registro da tensão permanente entre a racionalidade geométrica imposta ao espaço e o emaranhado de existências humanas (CALVINO, 1990) e se resume a um cenário reificado de fragmentos. Contudo, os impasses, conflitos e contradições da sociedade revelam-se teimosamente e com toda a sua intensidade no urbano – expressão da estrutura totalizante do modo de (re)produção e acumulação capitalista – e, em particular, na cidade, que é seu nódulo de tensões.

É nessa perspectiva que a cidade pode assemelhar-se ao caos, ou melhor, ao "espaço catástrofe", expressão conceitual de Henry Lefebvre (1978) que designa a ruptura, a clivagem, a desestabilidade e, ao mesmo tempo, o momento de passagem de uma espacialidade para outra. A cidade caótica parece demonstrar simultaneamente a remodelagem das condições de reprodução do capitalismo e as resistências, nas fímbrias do cotidiano, ao processo brutal e pluriescalar das mudanças impostas ao espaço pelo regime burguês de acumulação de riqueza e poder. Portanto, a cidade nos fala de práticas socioespaciais diferenciadas e antitéticas que, em última análise, exprimem a radicalidade do conflito entre a apropriação social e a propriedade privada. São duelos entre a transgressão e a dominação social; rumos distintos colocados em causa sob a aparência do caos, porém escritos e vividos como forma e conteúdo do espaço geográfico.

É com essa marca que a força dos lugares emerge nas cidades e redefine o caos em termos de movimento e contradição, superando sua imagem banalizada de desordem e a 'dialética rarefeita' da fragmentação. Se os lugares são componentes estratégicos do instrumental urbanístico em vigor, também são a expressão da resistência, do conflito e das tendências manifestas do real. Os lugares tanto se opõem como se complementam e, desse modo, configuram relações de coexistência, pelas quais o diverso mostra sua face diante das forças econômicas e culturais de homogeneização. É através dos lugares que o vivido reacende suas ações e paixões para exprimir as diferenças no acontecer hegemônico. Portanto, o lugar também escreve um mapa-múndi e revela a sociedade por inteiro – nas suas contradições, privações e lutas sociais –, fazendo da cidade uma síntese de nossas práticas políticas. A cidade não termina nem recomeça a partir de simulacros.

Edgar Morin (1977), ao abordar as concepções de Universo, acende pistas teórico-conceituais relevantes para o entendimento da cidade nas condições históricas e geográficas da atualidade e, sobretudo, nos oferece a possibilidade de pensar sentidos mais amplos de sua existência. Tal como um Universo, a cidade possui diferentes entradas para decifração de seus registros: a entrada no mundo, a entrada na *physis*, a entrada na máquina, a entrada na vida e a entrada na sociedade.

Cada entrância guarda o significado do encontro e da passagem em escalas diferenciadas, gravando a complexidade do espaço como síntese aberta do real em permanente devir, e conferindo sentidos mais amplos e fecundos de densidade e heterogeneidade às cidades. Estão, assim, a mundialidade como expressão das tramas e processos do concebido, em particular, do modo de produção capitalista e seu cortejo de conflitos e contradições sociais; a *physis* como reprodução de sociedades-natureza na produção propriamente dita do espaço e de suas representações; o meio técnico científico sobre o qual repousam os sistemas de organização espacial e os dispositivos hegemônicos de visão; o vivido, que inclui o corpo, o imaginário, os desejos e o prazer; e os sujeitos sociais, vértices das atividades criativas e das lutas pelo devir. São momentos desiguais (e combinados) do sentido da cidade como uma encruzilhada possível. Se o destino dos homens e mulheres é colonizar o futuro, como afirma o poeta Otávio Paz, ainda temos o urbano para revolucionar e as cidades a refazer.

REFERÊNCIAS BIBLIOGRÁFICAS

BAUDRILLARD, Jean. La fin de la modernité ou l'ère de la simulation. In: *Encyclopaedia Universalis*, v. 17. Paris: Ed. Encyclopaedia Universalis France, 1980.

CALVINO, Ítalo. *As cidades invisíveis*. São Paulo: Companhia das Letras, 1990.

_____. *Seis propostas para o próximo milênio*. São Paulo: Companhia das Letras, 1990.

COSTA, J. F. *Psicanálise e contexto cultural*. Rio de Janeiro: Campus, 1989.

DAVIS, M. A renovação urbana e o espírito pós-moderno. *Espaço e Debates (NERU)*, Imagens e representação da cidade, São Paulo, ano IX, n. 27, p. 92-96, 1989.

HARVEY, David. *A condição pós-moderna*. São Paulo: Loyola, 1993.

_____. Flexible accumulation through urbanization: reflections on "post-modernism" in the american city. *Antipode*, v. 19, 1987.

LEFEBVRE, H. *De l'État*. Tome III. Paris: Union Générale d'Éditions, 1978.

MENNINGHAUS, Winfried. Mitologia do caos no Romantismo e na Modernidade. *Estudos Avançados*, v. 10, n. 27, p. 127-138, ago. 1996. Disponível em: <http://periodicos.usp.br/eav/article/view/8940>.

MONNIER-RABALL, J. *Simuler / dissimuler: essai sur les simulacres de masse*. Paris: Payot, s/d.

MORIN, E. *La méthode I: la nature de la nature*. Paris: Éditions Seuil, 1977.

PIERSON, D. *Estudos de Ecologia Humana*. São Paulo: Martins Fontes, s/d.

SANTOS, B. S. Reinventar a democracia: entre o pré-contratualismo e o pós-contratualismo. In: OLIVEIRA, Francisco de (Org.). *Os sentidos da democracia*. São Paulo: FAPESP / Vozes, 1999.

SENNET, R. *A corrosão do caráter*. São Paulo: Companhia das Letras, 1999.

_____. *O declínio do homem público*. São Paulo: Companhia das Letras, 1988.

Marcus Vinícius Faustini

Prefácios para três livros que apontam a vida como linguagem

Os três textos a seguir são prefácios que escrevi para diferentes livros que trazem um frescor às representações do campo popular. "Por que uns e não outros?", de Jailson de Souza e Silva; "Morro da Favela", de André Diniz e Maurício Hora; e "Panfleto", de Junior Perim, ainda inédito, operam significativas mudanças nessas representações. Operam significativos deslocamentos na percepção inclusive da história da cidade. Em cada um dos prefácios, tentei identificar como esses livros, na potente mistura de estratégias narrativas, mostram a vida como uma linguagem, uma invenção que cria um novo campo estético para o popular no país.

Por que uns e não outros?

"Por que uns e não outros?" é um lugar de invenção que contribui para a radicalização da democracia. Essa afirmação, que pode ser interpretada apenas como uma frase de impacto para uma estratégia narrativa, na verdade, organiza meu espanto diante desta poderosa obra. Esse espanto é daqueles que marcam nossa relação com um livro, um conceito e que mudam nosso modo de pensar. Entretanto, ele não é de difícil acesso, como em algumas obras, em que apenas aqueles que dominam códigos culturais específicos conseguem fruição.

Jailson revela suas estratégias de pensamento numa estrutura de combinações teóricas, narrativas e afetivas feitas para nós, leitores, colocando como centro da questão trajetórias de vida de jovens de origem popular no ensino. Ele demonstra, por exemplo, que até mesmo a "permanência escolar decorre da dinâmica estabelecida entre as características singulares do agente e as redes sociais nas quais ele se insere". Aqui reside a contribuição singular deste livro.

Ao elencar as estratégias de vida como uma das categorias de formulação, fica claro na narrativa que os procedimentos de análise do autor buscam desconstruir a ideia do território popular e seus atores apenas como cenário dado das mazelas sociais do país observado por um estudioso. Essas combinações, para além de um rigor acadêmico, acabam por potencializar seus personagens e ambientes não apenas como objetos de seus estudos para justificar uma hipótese.

Assim, este livro se torna um interessante gesto político e estético que reedita o lugar do 'pobre favelado' nos estudos acadêmicos. As vozes dos personagens presentes nos relatos de campo, revelando suas emoções e condições, não enfeitam apenas de dados o texto. Elas são a própria estrutura desse texto e das categorias que vão sendo inventadas ao longo do percurso narrativo.

Alguns podem dizer que isso é quase natural, afinal, nosso autor é de origem popular. Chamo a atenção, no entanto, que não estamos diante de uma prestação de contas com o lugar de origem ou de atuação. O que temos aqui não é apenas um relato sensível de uma situação social, organizado por categorias de análise, nem um manifesto militante de uma causa social. Neste pequeno e contundente livro, aparecem rastros de um novo modo de pensar aquilo que muitos chamam de "campo popular".

Até mesmo quando o autor cria momentos em que revela uma intimidade afetiva com os personagens (seu cunhado, por exemplo) não fragiliza a pesquisa. De fato, até mesmo essa intimidade produz efeito estruturante na mistura de linguagem (acadêmica) e vida que aponta para essas contribuições ao pensamento. E é nessa esquina do pensamento que está o espanto com a obra.

Mesmo após uma intensa agenda de políticas públicas na história do país que aponta para o enfrentamento positivo das questões abordadas, o livro de Jailson continua necessário por apresentar esse modo de olhar que embaralha as visões. O que quero dizer com esse declarado elogio é que não existe mais a possibilidade de não termos esse livro como bibliografia básica nos estudos culturais e sociais no país. Até mesmo porque o desafio de agora é fazer a pergunta título do livro em outros campos. Por exemplo, precisamos saber "por que uns e não outros" são reconhecidos como agentes culturais contemporâneos e têm suas práticas legitimadas por políticas públicas. Fica a dica do Mestre Jailson.

Morro da Favela

A publicação deste "romance quadrinho" pela Barba Negra afirma o atual lugar de invenção dos artistas de origem popular na busca de outras representações de seus territórios. Samba, melodramas e documentários de superação pessoal, por exemplo, foram até então narrativas muito operadas por diversos agentes que falavam sobre o campo popular.

Neste livro, a mistura de relato biográfico com arte sequencial produz essa invenção potente que estou chamando aqui de "romance quadrinho". É romance, porque possui uma delicada voz que nos apresenta forte personalidade diante dos acontecimentos e produz uma singular visão de mundo a partir deles. Por outro lado, é "romance quadrinho" pela decisiva contribuição dos enquadramentos, ambientes, climas, ritmos e visões que a linguagem dos quadrinhos traz a essa voz.

Aqui temos o centro dessa criação: a escolha de uma outra forma de narrar a vida na favela proporciona emoções, para nós leitores, que podem reorganizar nosso modo de olhar. Mais ainda: a história de Maurício Hora e de sua vida no morro da Providência, contada com os traços de André Diniz, demonstra de maneira contundente a potência de vida presente na favela. A relação do personagem com o pai, o lugar, sua busca por significação da existência com um frescor de desejos e estratégias de vida, mesmo diante das adversidades, faz dele um protagonista subjetivo que gera imediata identificação.

Assim, além da contribuição estética para o imaginário popular, temos aqui algo que questiona a ideia, por vezes quase estabelecida, de que o modo de viver na favela é raso. As belas memórias em preto e branco, que acompanhamos nestas páginas, produzem combinações temáticas instigantes. Gosto de pensar que estamos diante de um novo campo de possibilidades narrativas que pode contribuir para a radicalização da democracia no país.

Panfleto

Para se fazer uma única pessoa é preciso várias vidas. E não é algo fora desse mundo que dispara essas várias vidas na feitura de uma pessoa. Basta apenas um som de atabaque, um kichute, um saco de leite B, um encontro num bar com um antigo amigo que enlaça uma parceria ou até mesmo um panfleto que você pega das mãos “de um negro alto, gordo, com espessa barba branca”, como nos conta Junior Perim, neste livro.

É assim, de maneira direta, em pequenos encontros, que a vida começa e deixa para nós a tarefa de invenção da trajetória e da significação desses momentos. O autor nos apresenta, ao longo de seu relato, as várias vidas disparadas por encontros em sua trajetória. As várias vidas inventadas que o fizeram e que o significaram. Conhecemos sua vida de militante, moleque de periferia, matador de frango, trabalhador de xerox, estudante de supletivo, gestor, diretor de escola de samba, ativista cultural, pensador e realizador de circo. Tudo relatado com uma sinceridade estruturante que ajuda a dar novos contornos, principalmente, à ideia de sujeito militante.

No senso comum das representações, essa figura é desprovida de subjetividade, reta, caricata, sem atravessamentos. De forma oposta, o militante de Junior Perim tem sensibilidade rara, é atento aos sons, cores e objetos presentes em seu cotidiano, um 'penseiro' vigoroso de suas contradições e condição, rindo de si e com pulsão de vida infinita rumo à superação. Só isso já confere um lugar importante ao livro como um precioso flagrante do sentimento de crença política e estética de uma geração de jovens de origem popular da metrópole do Rio de Janeiro.

Entretanto, o livro vai além e nos brinda com a consolidação da ideia da própria coleção, na qual os bravos curadores apontaram a necessidade de um lugar de fala na literatura aos atores sociais do que é chamado hoje de "movimento cultural das periferias". Mostra, como disse Roland Barthes, que "a palavra é de uma leve substância química que opera as mais violentas alterações".

Acompanhar a feitura dessa nova vida inventada do Perim, agora escritor, e tantos outros colegas nesta coleção, contando inclusive comigo, é perceber a potência das palavras de um panfleto, observada pelo autor neste livro. É ver a alteração que esta coleção faz, inclusive, na ideia de panfleto.

Nosso panfleto deixa tinta no corpo, se mistura com a digital. Que o leitor viva a mesma sensação encorajadora vivida por Perim ao receber o Panfleto.

Jailson de Souza e Silva

Por uma Pedagogia da Convivência na cidade

Decidi ser professor aos 14 anos de idade. Aos 19, virei um educador popular e desde os 22, atuo em instituições de ensino, especialmente na área de Geografia, em que fiz a graduação e na qual atuo na Faculdade de Educação da Universidade Federal Fluminense (UFF). Nesses mais de 30 anos envolvido com a busca por contribuir na construção de uma perspectiva emancipadora do sujeito na educação, já vivenciei várias definições associadas ao substantivo 'pedagogia': 'do oprimido', 'libertadora', 'libertária', 'da autonomia', 'da esperança'. A maioria de, ou baseada em, Paulo Freire, o mais sábio e doce educador brasileiro. Todas as proposições, em grande medida, continuam tendo sentido e nos alimentando. Elas são fruto das perspectivas de afirmação de um sujeito educador e das prioridades necessárias, em cada conjuntura histórica, ao fortalecimento da democracia e à construção plena do ser.

No meu caso, vivo e desenvolvi meu ofício na cidade, na pólis – território político, por excelência –, e nela circulo desde o espaço universitário até as favelas e periferias. Através dessa mobilidade – física, social e simbólica –, tenho buscado afirmar um projeto político/pedagógico que, em primeiro lugar, permita que eu me realize como e contribua para educar um ser humano pleno, coerente e autônomo. O que só é possível num mundo social também em processo permanente de humanização.

A realidade na qual vivo essa busca é a do século XXI. Saber viver sua época é fundamental para que se avance, de forma antropofágica, em relação aos períodos anteriores. De fato, temos grandes legados dos tempos passados e precisamos saber preservá-los sem sacralizá-los naturalmente. Logo, não podemos deixar de valorizar a luta pela igualdade construída por muitos movimentos sociais do século XX, em particular. Essa busca se expressou, singularmente, no questionamento da propriedade privada e na defesa de um tipo determinado de modelo de sociedade. Acima da questão da propriedade, o ponto que mobilizou e mobiliza as principais formas de enfrentamento político desde então é a conquista da igualdade do ponto de vista da dignidade humana. Assim, o legado que guardamos das lutas sociais daquele período passa pela defesa intransigente desse valor. Essa noção de dignidade, naturalmente, é histórica e fruto de uma permanente disputa social. Nesse caso, a sua devida qualificação em múltiplos campos e a dedicação em materializá-la são questões centrais para a intervenção coletiva no mundo contemporâneo.

Outro legado de referência em nossos tempos deriva das lutas trazidas, de forma mais intensa, do século XX pelas efetivas maiorias: mulheres, negros, homossexuais, indígenas, deficientes físicos e mentais, idosos e movimentos de defesa das crianças e adolescentes se mobilizaram pelo reconhecimento e legitimação da diferença. Com efeito, historicamente, as sociedades, em suas várias formas, transformaram as diferenças em desigualdades. Assim, o fato de ser estrangeiro, negro, índio, homossexual, mulher, criança – ou seja, o **outro** – era o signo para ser colocado numa condição subalterna. Essa questão está longe de ser resolvida, pelo contrário, mas muito avançamos numa série delas desde então. O que não significa perder a clareza do quão longo é o caminho até esse devido reconhecimento e legitimidade.

Temos, então, a afirmação de uma pólis marcada pelo entrelaçamento da luta pela Igualdade e pela Diferença. Esse vínculo, hoje inseparável, é o grande desafio conceitual, ético e político das proposições de utopia social no contemporâneo – o que é um significativo avanço. Afinal, era comum a postura entre os partidos socialistas do século passado de que a questão da diferença era secundária e todas as suas expressões seriam resolvidas com a eliminação da propriedade privada. As tristes experiências do chamado "socialismo real" mostraram o reducionismo do argumento.

No que concerne à proposição de um ser humano pleno – que já foi adjetivado de **omnilateral** por Karl Marx, de **homem e mulher socialistas** por Antonio Gramsci e de **homem novo e mulher nova** por Che Guevara –, ela só se materializará numa perspectiva integradora se for afirmada em quatro inseparáveis dimensões:

1. A dimensão subjetiva/singular: nessa condição de sujeito, o ser afirma seu direito à autenticidade, à autonomia, nos termos de Rousseau. Assim, somos em primeiro lugar o nosso **prenome**; temos o direito de ser livres, de afirmar as nossas escolhas, ser quem queremos e o que buscamos viver, para além das exigências e pressões das instituições sociais. Essa noção de liberdade, todavia, não se sustenta na perspectiva liberal. Nela, a liberdade de um compete com a liberdade do outro e o cerne das relações entre os seres humanos é uma desigualdade naturalizada. Portanto, trabalhar na construção de um ser individuado, e não individualizado, como veremos adiante, é central no reconhecimento e construção da autenticidade.
2. A dimensão particular/social: nessa condição, não posso deixar de reconhecer meus pertencimentos, em variadas ordens. Logo, sou também meu **sobrenome**, minha condição étnica/racial, geográfica e escolar, meu gênero, minha orientação sexual, meu clube de futebol, minha faixa etária, condição paterna, matrimonial etc. Desse modo, construo minha identidade com os outros e minhas inserções sociais, afirmo minhas representações de mundo social e minhas escolhas no campo da expressão de meu viver.
3. A dimensão humana/genérica: essa dimensão é central para a construção de uma cidade efetivamente democrática e humana. Afinal, se me reconheço apenas em mim e no 'similar a mim'– numa perspectiva narcísica –, não aprendo a conviver com o **outro**, com o diferente, e termino por reproduzir situações de intolerância em função das diferenças estabelecidas entre os sujeitos. Não há democracia sem

o aprendizado do '**com-viver**' com aquele que não reconheço como igual. Logo, faz-se necessário que a fundamental consciência da diferença seja imediatamente seguida da percepção da igualdade em nossa condição de espécie. Nessa condição, posso ver o **outro** como **mesmo**, para além de suas características específicas e, desse modo, reconhecer que partilhamos a mesma caminhada humana e que essa identidade como espécie nos torna companheiros existenciais.

4. A dimensão global/ecológica: por fim, cabe entender que somos apenas e acima de tudo mais uma espécie no planeta. Ele, para além de ser fonte de recursos, é fonte de vida para nós e para os outros seres. Assim, a condição de ser vivente nos torna próximos a todos os outros do planeta. A nossa demanda por recursos e o direito que temos de sobreviver não podem nos fazer perder a consciência de que devemos cuidar da Terra para as outras espécies e para os novos seres humanos e, com essa clareza, colocar em questão todas as ações que prejudicam o equilíbrio ambiental.

Na perspectiva apontada, somos vocacionados a viver como um ser **individuado**. O termo é mais conhecido na Psicologia, a partir da difusão promovida por Jung, mas a sua origem, nos termos modernos, está na filosofia de Arthur Schopenhauer e, mais recentemente, de Remo Bodei. Utilizo-o neste texto para distingui-lo do ser **individualizado** – sujeito hegemônico, por excelência, no campo do imaginário e das práticas sociais na pólis.

Para esse sujeito social, a ação no mundo tem como ponto de partida e de chegada o singular, sem mediação humanizada com os demais seres. Para ele, o outro existe para lhe dar prazer, existe a seu serviço, ou compete com ele na busca desses 'retornos'. O ser individualizado estabelece um permanente processo de competição de posições com distinção social em relação aos outros sujeitos. No máximo, o contato com o **mesmo** é valorizado, enquanto o **outro**, o **diferente**, é transformado em alguém a ser derrotado e/ou submetido. Dessa maneira, nos termos de Espinoza, o sujeito individualizado vive na busca do que lhe concede retorno imediato e age como um sujeito **presentificado**, centrado no aqui e no agora.

Na **individuação**, o ponto de partida é o ser subjetivo, mas para afirmar-se, ele reconhece e valoriza o outro, o diferente. O direito à singularidade e à diferença é, de forma inseparável, valorizado. Ele se afirma, entretanto, no reconhecimento do outro como semelhante e não como rival ou subalterno. Assim, afirma-se a singularidade quando se reconhece a dimensão do outro nele e em si mesmo. O ser **individuado** se relaciona para e com o mundo e, na **volta** a si mesmo, está **preenchido** pela relação/mediação com os outros seres humanos, diferentes e comuns. Logo, ele existe para si e para o outro na consonância, no conviver, e não na negação da humanidade do outro. Nesse sentido, ele busca, todo o tempo se construir através do vínculo permanente entre o imediato e o mediato e numa escala temporal em espiral, na qual valoriza sua inserção no lugar, na base do espiral, mas segue para além dele, sem perder o 'mapa de origem'.

Portanto, a Pedagogia da Convivência – que, sem o uso regular do termo, temos afirmado historicamente na metodologia de ação do Observatório de Favelas – tem como suporte as concepções de mundo social e de sujeito estabelecidas nos parágrafos anteriores. Ela é a base para as práticas afirmadas pelo ser urbano que denominamos "novo carioca": uma proposição que tem no encontro curioso e fraterno entre os **mesmos** e deles com os **outros** a referência central.

Esse encontro, que não pode se realizar como colisão, mas como uma descoberta cotidiana do que há de comum entre os diferentes e de diferente entre os comuns, se materializa no território, mediado pelos corpos e aprofundado pela palavra. 'Corpo', 'palavra' e 'território' são, então, as expressões materiais dessa pedagogia urbana[1].

---

[1] O limite maior das pedagogias emancipadoras, em geral, é o fato delas valorizarem de forma extrema a dimensão da **consciência**, ignorando outras expressões fundamentais do ser. Com efeito, uma leitura comumente simplificada de Paulo Freire e sua proposta educativa construída nos anos 1960 valorizou especialmente o termo "conscientização". O limite dessa que se tornou a palavra-chave para muitos **educadores** comprometidos com a difusão da "pedagogia libertadora", quase um jargão – e não por culpa de seu autor, seguramente –, é que através dela se afirma uma hierarquia entre os seres: os **conscientes** e os **ingênuos**. A prática, ao contrário do almejado pelo velho mestre, não contribuiu para uma nova compreensão dos saberes dos grupos sociais populares, para a valorização de sua capacidade de inventar os seus espaços de morada e para a construção de uma efetiva conexão desses saberes. O reconhecimento desses saberes e suas partilhas exige a valorização do corpo do ser em sua integridade e a devida compreensão do papel do território em seu processo de constituição.

No trabalho com a palavra, a reconhecemos como uma dimensão fundamental das relações sociais, da construção da subjetividade e das relações objetivas. Nesse caso, falamos da palavra sempre em suas quatro dimensões: escuta, fala, leitura e escrita. Trata-se especialmente de não deixar de valorizar as duas últimas, historicamente consideradas como razões fundamentais da existência da instituição escolar, por exemplo, mas reconhecer que as pessoas devem ter condições de se colocar nos espaços institucionais, em particular, através do uso da oralidade, rompendo em muitos espaços com relações de poder autoritárias e violentas. Especialmente porque a oralidade é a forma mais expressiva dos grupos sociais populares se relacionarem historicamente. O uso da palavra, em todas as suas dimensões, possibilita às pessoas que convivem na realidade social estabelecerem novas formas de se relacionar consigo mesmas e com o grupo, desenvolvendo habilidades cognitivas, valores éticos e a capacidade de trabalhar com o sensível, com o gratuito, com a dimensão estética da realidade.

No trabalho com o corpo, do qual a palavra é parte intrínseca, busca-se reconhecer os seres para além de sua cognição. Trata-se de reconhecê-los como seres que idealizam, que vivem também no campo do afeto, da política, da relação com a sexualidade, a dimensão física, valores e hábitos. Trata-se, então, de reconhecer e se trabalhar com o corpo em todas as suas possibilidades – físicas, mentais, emocionais, sexuais, éticas e estéticas.

Por fim, esse ser da palavra, que é um corpo integrado, não vive para si mesmo, mas em um território, com diferentes escalas. Desde a escala de seu corpo, imediata, passando pela escala local, seu lugar de vivência cotidiana, sua cidade, seu país e mundo. O desafio, então, é que ele perceba a riqueza de seu território em sua unidade e pluralidade, como um espiral, conseguindo trabalhar a vivência e a capacidade reflexiva, o sentimento de identidade, de compaixão – o compartilhar de uma humanidade comum com outros seres. Significa, nesse caso, ir além da dimensão singular, da subjetividade: é reconhecer sua dimensão particular de sujeito e, por fim, sua dimensão humano-genérica, sua inserção na mesma caminhada da humanidade, na busca comum de dar um significado maior para a vida, sentindo-se parte da realidade humana como um todo.

No que concerne ao Rio de Janeiro, isso significa buscar ver as plurais possibilidades da cidade, suas riquezas não apenas ambientais, mas humanas, levando-se em conta suas expressões culturais, as formas abrangentes e criativas de seus cidadãos diversos reinventarem o cotidiano, de formas específicas e comuns.

O sentido da proposição até aqui exposta é afirmar um projeto educativo que não se reduz ao processo de ensino-aprendizagem e nem às figuras de professores e alunos. Ao contrário, seu sentido maior é romper com a visão de um projeto 'escolar' de formação do sujeito da pólis – equívoco cometido não só pela escola, mas pela imensa maioria das organizações que atuam com projetos sociais e socioculturais.

Estamos falando, acima de tudo, da formação de um ser que vive o contemporâneo, que vive a utopia como um **presente estendido** e não como um projeto congelado no futuro. De fato, as perspectivas teleológicas – utopias sociais com uma fé profunda no futuro como progresso e que afirmavam um tempo sem conflitos e sem desafios de viver no coletivo – se esgotaram. Cabe-nos construir o sentido da utopia não mais no tempo, mas nas práticas presentes, no cotidiano, na afirmação permanente de um ser que se faz pleno espacialmente, em sua mobilidade econômica, simbólica, física, social e cultural. Esse é o grande desafio de nosso tempo e espaço contemporâneos. Que saibamos enfrentá-lo com prazer e alegria, densidade e leveza, segurança e curiosidade, expectativa e serenidade, reflexão e ação. Acima de tudo, com sabedoria e sabor.

1ª edição	agosto 2012
impressão	rotaplan
papel miolo	offset 90g/m²
papel capa	cartão supremo 300g/m²
tipografia	chaparral